(Par Ferrand, d'après Barbier.)

LE RÉTABLISSEMENT

DE

LA MONARCHIE

FRANÇOISE.

Par M. *******, Avocat au Parlement.

. . . . Si forté virum quem
Conspexére, silent.

VIRGILE.

SECONDE ÉDITION.

À LIÉGE,

De l'Imprimerie de F. LEMARIÉ, Libraire et Imprimeur
de SON ALTESSE, sous la Tour.

1794.

LE RÉTABLISSEMENT
DE
LA MONARCHIE.

...... Si forte virum quem conspexére, silent.

VIRGILE.

LA révolution la plus terrible a dévasté le plus beau royaume de l'Europe ; tous les crimes se sont unis pour abattre le monarque et la monarchie. Le monarque, après un supplice de plus de trois ans, est entiérement perdu pour nous, et ne peut plus être que l'éternel sujet de nos larmes et de nos regrets. La monarchie, cruellement déchirée, peut encore échapper à sa destruction, et doit être aujourd'hui le grand, l'unique objet de nos méditations et de nos travaux. Louis XVI, en mourant, a laissé des sujets rebelles à un fils malheureux. C'est en ramenant ses sujets à l'obéissance la plus parfaite, c'est en rendant à son fils l'héritage de ses peres dans toute son intégrité, que nous vengerons la mort, que nous honorerons la mémoire du meilleur des Rois ; et le premier hommage que notre religieuse vénération puisse offrir à ce monarque martyr, c'est la réunion de tous les efforts pour l'*entier* rétablissement de la monarchie.

En marchant vers ce but, nous remplirons nos devoirs et ses intentions. Combien de fois, lorsque sa belle ame gémissoit en secret des maux publics, n'a-t-il pas dit aux fideles serviteurs qui lui offroient leur sang et leurs bras : *Ne vous occupez pas tant de moi, c'est l'Etat, c'est l'Etat sur-tout qu'il faut sauver !*

A 2

Ce royal abandon de soi-même, ce sublime élan d'un cœur pur, ce vœu magnanime d'un roi profondément pénétré de l'amour de son peuple, est enfin écouté ; et il nous est permis de croire que nous commençons à en ressentir les effets. Fiere de ses succès, riche de tous ses crimes, et des crimes de toutes les factions qu'elle a écrasées, l'effroyable secte connue sous le nom de *Jacobins*, a trouvé au milieu de ses atrocités le terme de ses triomphes. Poursuivie par tous les potentats, dont elle-même, dans son aveuglement, a provoqué la vengeance, mais poursuivie sur-tout par ce bras invisible et tout-puissant dont elle a tant de fois blasphémé l'inévitable justice, elle voit son anéantissement commencer par la discorde de ceux que, dans son sein, elle avoit formés à la scélératesse ; et déjà dans les convulsions impuissantes d'une rage désespérée, elle se déchire et se dévore elle-même.

Elle périra sans doute, cette secte impie : tous les trônes ont juré sa perte. Il tombera, ce colosse de corruption et de perversité : mais les cadavéreuses exhalaisons de sa putridité seront-elles moins à craindre que lui-même ? Par-tout où il en circulera quelque particule, ne doit-on pas croire qu'il y aura un germe pestiféré, qui ne peut manquer de se développer un jour ? Et si ce germe infectoit, au moment de la restauration, jusqu'au gouvernement lui-même, si ceux qui le portent secrètement au fond de leur cœur, qui les premiers l'ont nourri et fomenté, avoient même, en paroissant effrayés de ses progrès, l'art cruel de le faire entrer jusques dans la composition du régime qui doit assurer notre convalescence, et rétablir notre vie politique, notre état ne seroit-il pas d'autant plus terrible, que, sous une fausse apparence de guérison, nous porterions au-dedans de nous une cause prochaine de mort ?

Il existe cependant une classe d'hommes (ils se disent François), qui, depuis long-tems occupés de ce projet, ont aujourd'hui moins que jamais perdu l'espérance de l'exécuter. Ceux dont l'ambition, l'ingratitude, les intrigues, les complots, les crimes, ont donné naissance aux *Jacobins*, se flattent de profiter de la chute de ceux-ci, et déjà se partagent leurs dépouilles. Après avoir tout détruit, ils voudroient tout rebâtir à leur guise ; c'est-à-dire, ils voudroient composer un nouvel édifice, dont les matériaux rassemblés sans proportions et sans rapports, n'auroient entr'eux d'autre union que celle qui les entraîneroit immanquablement dans une nouvelle chute.

C'est contr'eux sur-tout que cet écrit est destiné ; c'est cette erreur, ou plutôt ce piége, que je veux faire connoître ; c'est cet écueil que je veux signaler, parce que, si le vaisseau de l'Etat y touchoit une seconde fois, il seroit perdu sans ressource.

Cet écueil est celui sur lequel nous portent sans cesse tous les partisans des nouveaux systêmes, tous ceux qui, dans leur abstraite sagesse, ont découvert que l'existence brillante et *momentanée* de la France étoit l'effet d'un hasard de treize cens ans, qui disent que nous n'avions pas de constitution, et qui voudroient nous en donner une en renversant nos anciens établissemens, *ces longues erreurs*, fondées sur l'expérience, et couronnées par le succès.

Je les appellerai tous *constitutionnels* : sous ce nom je comprends tout ce qui, n'étant pas décidément *Jacobin*, n'est pas purement *royaliste*.

Il importe plus que jamais de prouver que, dans les circonstances présentes, il ne peut y avoir d'intermédiaire entre ces deux partis ; que quiconque ne veut pas rendre au Roi toute la plénitude du pouvoir qui appartient à la souveraineté, entend nécessairement en admettre le partage avec le peuple ; que dès-lors il donne aux rebelles un prix quelconque de leur rebellion, et récompense ce qu'il faut punir.

Quatre causes me semblent sur-tout avoir produit et propagé l'erreur dangereuse que je vais combattre, et former quatre classes principales de ceux qui l'ont adoptée ; le fanatisme des opinions prétendues politiques, l'intérêt de la vengeance, de l'ambition ou de la cupidité, l'apathie de l'égoïsme, l'incertitude de la foiblesse.

De ces quatre classes, j'abandonne les deux premieres à la force coactive, qui seule peut les effrayer et les contenir : je ne parlerai pas le langage de la raison au fanatisme, qui ne raisonne pas ; je ne présenterai point la lumiere à l'intérêt, qui la connoît, qui la craint et qui la fuit. Mais l'égoïste, qui adopte indifféremment tel ou tel système, pourvu qu'il y voie un moyen de rentrer dans l'inertie, dont il fait son bonheur ; mais ces êtres dont le sage législateur d'Athenes redoutoit le quiétisme, quand il condamnoit à mort ceux qui, dans les troubles de la république, ne prenoient aucun parti ; mais l'homme foible qui, dans son indécision, s'attache à un parti qu'il croit mitoyen, parce qu'il a vaguement entendu dire que, dans les grandes dissentions, les partis mitoyens finissent presque toujours par l'emporter ; mais enfin tous ceux qui peuvent se rendre à eux-mêmes le témoignage qu'ils ne sont pas de mauvaise foi : voilà ceux que je veux échauffer et convaincre.

Je déclare d'avance que je demande la cessation des anciens abus, et le rétablissement de l'ancien régime. Je déclare qu'il faut rendre au clergé ses biens, parce qu'il en est propriétaire, parce qu'au milieu d'une société dite civilisée, il a été dépouillé par la loi du plus fort, parce que l'honneur de la nation est intéressé à ce qu'elle restitue ce qu'elle a volé. Je dis qu'il faut rendre à la noblesse ses droits seigneuriaux, parce que c'est sa propriété ; ses droits honorifiques, parce que c'est le seul prix de ses nombreux services ; son rang dans la monarchie, parce qu'elle en fait la gloire et qu'elle en est le soutien. Je dis qu'il faut rendre à la royauté ses magistrats, parce qu'ils sont *le retenail de l'obéissance des peuples* (1), parce qu'eux seuls peu-

_____

(1) *Pasquier.*

vent légalement faire connoître les volontés du souverain, parce qu'eux seuls peuvent acquitter en son nom la dette de la justice, et garantir les propriétés, Je dis que tous les abus peuvent et doivent être facilement réformés, parce qu'ils sont tous à découvert, et qu'en général les abus sont plus difficiles à connoître qu'à détruire. Je dis enfin qu'il faut rétablir l'autorité royale, *une, entière, et sans partage*, et anéantir toutes ces rêveries, ces absurdités, ces forfaits politiques, revêtus du nom de *décrets*; qu'il n'en faut conserver aucun, parce qu'indépendamment des conséquences funestes qui en résulteroient, ils sont tous émanés d'assemblées rebelles et sans pouvoirs (1).

En plaçant ici cette profession de foi, je montre d'avance à ceux que je voudrois ramener, le but où je veux les conduire, et par là je leur ôte la frivole excuse de pouvoir dire qu'ils auront été séduits avant d'être convaincus.

Quelque lecteur pourra résister à l'évidence de mes raisonnemens; mais dès ce moment il ne pourra me refuser de rendre hommage à ma véracité. Qu'il somme donc tous ces *philosophes niveleurs* de s'expliquer avec la même clarté, d'énoncer nettement ce qu'on veut abattre ou conserver, et lui-même étonné alors de l'incohérence de ce qu'on prétend amalgamer, reconnoîtra bientôt que la trahison ou la démence peuvent seules entreprendre de concilier des principes et des êtres inconciliables, de traiter le plus ancien empire de l'Europe comme une société naissante, comme une terre vierge, nouvellement découverte, ou même nouvellement créée, sur laquelle on peut tout-à-coup fonder des principes, ou commander des habitudes,

---

(1) J'avois déjà fait cette profession de foi au mois de septembre 1791, dans une brochure intitulée, *Réponse au post-scriptum de M. de Tollendal à M. Burke.* Les questions que je traitois alors très-succinctement, étant à-peu-près les mêmes que celles que je traite aujourd'hui avec plus d'étendue, cette brochure a été presqu'entièrement refondue dans l'ouvrage qu'on va lire.

et qu'enfin il faut opter, sans moyen terme, entre l'ancienne monarchie ou la ruine de la France.

Toute opinion mitoyenne, tout accommodement, ou tout ce qui, sans en avoir le nom, en produiroit l'effet, auroit des inconvéniens généraux et particuliers : pour connoître, pour apprécier, pour démontrer les uns et les autres, il faut donc étudier également les faits et les principes, et les rapprocher pour leur donner une force mutuelle ; il faut se bien pénétrer de la situation politique, morale et religieuse de la nation avant et depuis les Etats-Généraux ; il faut enfin rechercher avec soin le tempérament du malade et les causes de la maladie, avant d'appliquer le remède.

PREMIERE PARTIE.

Je commence par les faits, que je divise en quatre époques, pour que l'ensemble et les résultats soient plus faciles à saisir.

PREMIERE ÉPOQUE.

Etat de la nation avant la Convocation des Etats-Généraux.

Cette époque a peut-être été la moins inspectée : mais c'est celle qui mérite le plus d'examen : c'est à cette époque que les fautes, les circonstances et mille causes secrètes ont donné une première impulsion qui eût été arrêtée si elle eût été prévue.

Tout gouvernement humain doit participer aux effets inévitables de la foiblesse humaine. Créé, conduit, inspecté par des êtres imparfaits, il doit renfermer dans son sein des imperfections : le meilleur est celui où ces imperfections se trouvent en moindre nombre, se manifestent plus tard, se font sentir avec moins de force, et se réparent avec plus de facilité ; celui qui, dans une grande vieillesse politique, présente encore sous la rouille des temps tous les symptômes de sa force et de sa durée future.

En France, un fréquent changement de ministres, avoit établi dans le ministère une variation de principes toujours dangereuse. De là provenoit un grand nombre d'abus ; mais leur première origine étoit dans l'inexécution des loix : pour corriger ces abus, il étoit donc inutile de faire des loix nouvelles, il suffisoit de faire exécuter celles qui subsistoient.

Les plus grands abus étoient dans les finances : la dette publique successivement accrue, avoit pris pendant la dernière guerre une progression rapide ; les revenus de l'Etat, quoique fortement augmentés, ne pouvoient suffire aux charges. Mais ces charges pouvoient et devoient être réduites ; mais les ressources innombrables de ce superbe Empire surpassoient de beaucoup ses besoins ; et la preuve en est dans les dépenses excessives auxquelles, malgré une dilapidation sans exemple, il a suffi depuis la révolution.

Ainsi ces abus, quels qu'ils fussent, pouvoient bien, dans les Etats-Généraux, servir de prétexte aux clameurs de quelques séditieux ; mais la réforme étoit si facile et si desirée, mais tout ce qui constituoit l'Etat sembloit, à l'exemple du souverain, se prêter à cette réforme avec tant de zele, que ce n'étoit pas là ce qui devoit faire redouter l'effet de ces vaines clameurs.

Malheureusement il existoit en France des vices bien plus dangereux, dont la réunion dans un temps orageux et dans une assemblée nombreuse, devoit produire une explosion terrible.

La vanité d'une fausse philosophie avoit sourdement d'abord, puis ouvertement, attaqué les augustes vérités de la Religion : la Religion, cette base première de toutes les vertus sociales ; cette chaîne bienfaisante de consolation et de devoirs, dont le premier anneau placé dans les cieux, ramene sans cesse l'homme à son origine et à sa fin ; la Religion qui seule, en prescrivant l'abnégation de soi-même, peut faire voir les plus grands talens sans orgueil et les plus belles actions sans amour propre; qui en faisant de la soumission aux puissances un précepte évangélique, enjoint aux peuples de regarder les fautes ou les succès du gouvernement, comme les effets de la vengeance ou de la bonté divine, et qui devient par là le plus ferme appui des souverains et le plus fort lien des sujets.

Des atteintes qui lui avoient été portées, étoient résultés l'abandon et l'oubli des principes moraux. La véritable morale est fondée sur la Religion; disons mieux, elle n'est que l'application des préceptes religieux à tous les devoirs de la vie civile: l'ébranlement donné à l'une devoit donc se communiquer à l'autre; et c'est ce qui arriva; mais la secte philosophique, bien convaincue que les hommes se conduisent autant avec les mots qu'avec les choses, avoit senti la nécessité de remplacer en apparence ce qu'elle détruisoit en réalité; jamais elle ne prononça plus emphatiquement le mot de vertu que depuis qu'elle en eut desséché la source; ou plutôt aux fécondes vertus de la Religion, elle substitua les stériles vertus de l'orgueil; et présentant soigneusement aux yeux d'un vulgaire crédule, l'imposante apparence d'une façade brillante, elle mina plus sûrement les bases de l'édifice et le remplit d'égoïstes.

Fidèles aux principes de la secte qui les fit naître, les égoïstes dissimuloient leur nom pour multiplier leur nombre; l'amour collectif du genre-humain fut leur mot de ralliement; la *philantropie* devint le masque de l'*égoïsme*; et pour jouir plus paisiblement du privilege de n'aimer que soi-même, on convint de dire qu'on aimeroit indistinctement tous les individus épars sur le globe.

A l'abri de cette vertu simulée, on étendit et conséquemment on relâcha les vrais liens de la société: l'égoïsme, présage le plus funeste du bouleversement des Empires, prit un accroissement rapide, et trouva de nouveaux alimens dans la multiplicité des emprunts viagers, et dans la fureur de l'agiotage.

Je n'examinerai point si le gouvernement fit une

première faute en recourant aux emprunts viagers ; mais j'ose dire qu'il en fit une, et une grande, en les multipliant sans cesse, et sans s'appercevoir jusqu'à quel point ils pourroient influer sur les mœurs publiques et particulieres. En supposant que leur établissement puisse jamais être nécessaire, une politique éclairée peut et doit alors s'aider d'une philosophie sage, et calculer avec elle si les secours momentanés que l'Etat veut se procurer, n'attaquent pas essentiellement le germe réel de sa prospérité.

Ce germe est attaqué dans tout Etat qui admet ou tolere ce qui peut favoriser l'égoïsme. Ainsi le créancier viager, l'agioteur, accoutumés, intéressés à s'isoler de tout ce qui les entoure, uniquement occupés à rapporter tout à eux-mêmes, oublient, écartent avec soin tout ce qui peut les rappeller au bien de l'Etat, dont ils ne sont plus que des membres superflus et dangereux. Par-tout où ils sont répandus, on trouve peu de bons époux, peu de bons perés, peu de bons fils, et dès-lors peu de bons citoyens ou de bons sujets.

La société générale est le faisceau réuni de tous les intérêts particuliers ; ce n'est point immédiatement que nous sommes attachés à la patrie ; nous y tenons par des chaînes médiates ; ces chaînes sont nos parens, nos amis, nos familles, nos places, nos devoirs, nos espérances ; tout ce qui relâche, tout ce qui affoiblit, tout ce qui rompt chacun de ces liens, produit un effet plus ou moins sensible sur le point central où ils se réunissent tous ; lorsqu'enfin ils sont entièrement rompus dans la personne des égoïstes qui n'existent que pour eux seuls ; l'Etat affoibli nourrit et protege des êtres qui lui sont absolument étrangers, et qui ne calculent les vicissitudes et les pertes de la fortune publique, qu'autant qu'elles peuvent influer sur la leur.

A tous ces maux le faux jargon philosophique en ajoutoit un autre, qui détruisoit jusqu'aux espérances de l'Etat, en attaquant les générations à mesure qu'elles se formoient. Pour corrompre plus sûrement le cœur des jeunes gens, il commençoit par séduire leur esprit ; pour égarer leur jugement, il flattoit leur imagination ; et comme l'on étoit admis au rang de ses adeptes, dès que l'on pouvoit fronder les idées reçues, et confondre les préjugés avec les principes, il fuffisoit de ces demi - connoissances si faciles à acquérir, de cet esprit qui brille toujours aux dépens du bon sens, de cette légéreté de jeunesse qu'augmentoit encore la légéreté françoise. De là cette indiscipline souvent scandaleuse, même dans les corps les plus respectables, cette présomption, cet amour de la nouveauté, qui repoussoit toutes les vérités, par cela seul qu'elles étoient anciennes, ou, qui toujours fatigué de les entendre, ne les écoutoit qu'avec la raillerie de l'impatience, avec cette pitié méprisante, qui accueille les leçons immuables de la sagesse et de l'expérience comme les répétitions familieres d'une impéritie caduque.

Tel étoit en général, à la fin de 1786, l'Etat moral de la France, lorsque les abus et les besoins publics parurent exiger une grande réforme. Si à cette époque on se fût bien pénétré des réflexions que je viens d'indiquer, si on eût calculé le *déficit* de la morale plus que celui des finances, on eût fait cette réforme avec le secours seul de l'autorité, à qui elle eût assuré une plus grande confiance ; on n'eût point assemblé les notables, encore moins les Etats-Généraux ; on eût senti que lorsque tous les liens de l'Etat sont ébranlés, le ressort du gouvernement ne peut avoir une action trop forte, que *s'il se relâchoit en s'étendant, sa force deviendroit tout-à-fait nulle, qu'il faut donc remonter et serrer le ressort à mesure qu'il cede ; qu'autrement l'Etat qu'il soutient tomberoit en ruine.* (1) On eût senti que les opinions systématiques minent sourdement les fondemens d'un Etat, qu'elles sont d'autant plus dangereuses que leurs progrès sont plus cachés : qu'elles se forment, se propagent, se réunissent en secret, jusqu'à ce qu'elles

_____

(1) Contrat social, liv. 5.

trouvent une occasion favorable pour acquérir un grand mouvement et donner un grand choc ; qu'alors la force avec laquelle elles se précipitent suit les loix des corps physiques, et devient le produit de leur masse multipliée par leur vitesse.

La raison disoit donc d'avance, et l'événement a prouvé que l'on faisoit alors une fausse combinaison. L'administration ne pouvoit choisir plus mal son moment, pour soulever le voile dans lequel elle s'étoit toujours enveloppée : elle donna tout-à-coup son bilan ; il falloit un œil observateur pour en scruter exactement les détails, il ne falloit qu'un œil curieux pour en parcourir superficiellement l'étendue : chacun le connut, chacun en parla ; cette conversation devint celle de tous les cercles, et pour la première fois, peut-être, le François s'occupa exclusivement d'un objet politique et sérieux.

Le changement qui se fit alors dans la nation, n'échappa point à la vigilance de ceux qui vouloient la détruire, sous prétexte de la *régénérer*. Ils sentirent qu'en faisant succéder les Assemblées Provinciales à l'Assemblée des Notables, le gouvernement avoit donné une premiere impression à l'opinion publique ; qu'il ne s'agissoit donc plus que de la diriger contre lui ; ce qui étoit d'autant plus aisé, que les deux grands pas qu'il venoit de faire en moins de six mois, en indiquoient et pouvoient en nécessiter un troisieme qui devoit être décisif.

Dès ce moment, un parti nombreux se forma pour demander les Etats-Généraux. Il faut rendre justice à la profonde, mais affreuse justesse des combinaisons de ceux qui les conduisoient : ils jugerent parfaitement bien les François ; ils ne se tromperent point en préméditant les excès auxquels on pouvoit porter un peuple qui n'avoit plus de principes, qui, conséquemment, n'étoit plus contenu que par l'autorité, c'est-à-dire par une force qui, n'étant que celle d'un contre tous, ne réside réellement que dans l'opinion, et doit changer ou tomber avec elle. Mais le plus adroit, le plus perfide de leurs calculs, fut d'employer, pour commencer l'exécution de leurs projets: ceux mêmes qu'ils vouloient en rendre les victimes, de conduire sous l'apparence et avec le desir du bien public, des corps puissans par leur antiquité et par leur influence, à une démarche qui devoit bouleverser l'Etat : terrible, mais trop ordinaire destinée de l'homme, qui souvent, avec les intentions les plus droites, se méprend étrangement sur les moyens de les remplir, et qui risque d'abattre, lorsqu'il croit et veut réparer! Grande leçon pour toutes les corporations d'un vaste empire, pour toutes les assemblées qui doivent toujours se méfier des moyens extrêmes; qui doivent sur-tout se tenir en garde, avec une sévérité inexorable, contre l'enthousiasme et la précipitation; qui, lorsqu'elles croient nécessaire de prendre quelque route nouvelle ou abandonnée depuis long-tems, doivent rigoureusement calculer les premiers pas qu'elles veulent y faire, d'après la forte impulsion que leur donnera une foule toujours aveugle, toujours crédule quand elle n'est pas féroce, toujours empressée à se précipiter sur ce qu'elle ne connoit pas!

Ces réflexions pourroient être plus développées; mais il me suffira de les avoir indiquées, pour faire sentir combien elles s'appliquent à la demande qui fut faite des Etats-Généraux en 1787. Le parlement crut céder aux besoins du peuple, à la fatigue d'enrégistrer perpétuellement de nouveaux emprunts, ou de nouveaux impôts, dont le juste emploi lui étoit inconnu, et dont la progression paroissoit infinie; et sans le savoir, il ouvrit lui-même la tranchée pour ceux qui avoient juré sa ruine : son exemple fut imité par toute la magistrature; le cri d'*Etats-Généraux* devint en un instant un *écho* universel, qui se répercuta avec force d'un bout du royaume à l'autre. Les fautes sans nombre et sans but du ministere, hâterent un moment qu'il vouloit éloigner. L'effervescence des têtes augmenta dans une proportion effrayante; plus le gouvernement multiplia les coups d'autorité, plus on multiplia la résistance : celle-ci

devint même une mode et un point d'honneur; deux
choses contre lesquelles aucun pouvoir en France n'a
jamais lutté avec succès. Les ordres, les corps, se
laissèrent emporter par leur animosité contre les ministres; et presque tous ne voyant plus qu'une rivale,
ou même qu'une ennemie, dans l'autorité qui les
contenoit encore, oublièrent que c'étoit la seule force
qui pût les protéger.

L'archevêque de Sens s'apperçut enfin de cette
réaction universelle qui repoussoit ou arrêtoit tous
les ressorts du gouvernement. Mais éblouie, plutôt
qu'éclairée, par ce foyer incendiaire, au-lieu de
chercher les moyens de l'éteindre dans les immenses
ressources de l'Etat, dans l'inépuisable trésor d'une
administration paternelle avec sévérité et ferme avec
justice, son impéritie n'imagina rien de mieux que
de les chercher dans *Machiavel*, et de diviser pour
gouverner.

Cette idée fausse, immorale, impolitique, fut la
seule que lui suggérèrent dix-huit mois de troubles;
et d'après elle, il rédigea l'arrêt du conseil de 1788,
qui indiquoit les Etats-Généraux pour l'année sui-
vante, et se garda bien de laisser entrevoir au Roi
son véritable projet; il abusa de la bonté de ce prince,
toujours prêt à condescendre à ce qu'il croyoit être
le vœu de son peuple; et dès lors il travailla à changer
la monarchie.

C'étoit dans le clergé, dans la noblesse, dans la
magistrature, qu'il avoit trouvé les plus grands obstacles; ce fut par leur perte qu'il crut assurer ses
succès; les révolutions de Dannemarck et de Suede,
furent les modèles que se proposa son ambition; et
sans calculer (ce qui en effet étoit au-dessus de ses
forces) les différences des temps, des lieux, des choses
et des hommes, il crut qu'avec des matériaux, que
son inexpérience jugea être à-peu-près les mêmes, il
obtiendroit les mêmes résultats.

La base de cet affreux système fut d'exciter d'abord,
pour armer ensuite le Tiers-Etat contre les autres
ordres. Comme si la presse n'étoit pas assez libre, on

ôta jusqu'à la derniere entrave : on fit plus ; on pro-
voqua le délire des opinions, on appella à éclairer,
ou à égarer le gouvernement, tout homme assez vain
pour imaginer qu'il en étoit capable, ou assez pervers
pour en avoir l'intention. Comme si la tenue des
Etats-Généraux eût été un point historique, sur lequel il fallût chercher dans la poussiere des temps
quelques monumens qui aidassent à en deviner la
forme, on demanda à chacun de faire des recherches,
pour trouver ce qui étoit dans toutes les bibliothe-
ques : en un mot, on annonça à quiconque voulut
l'entendre, qu'on vouloit changer, c'est-à-dire, renverser l'Etat. Le succès de cette *Adresse à la Nation*
fut tel qu'il devoit être ; et à l'instant, les passions,
les animosités, les intrigues, le mécontentement, la
folie, l'étourderie, le fanatisme de l'impiété, le délire
de la philosophie, enfin tout ce qu'un gouvernement
sage

« Imperio premit, ac vinclis et carcere frenat ».

se voyant tout-à-coup affranchis de tout joug et de
toute crainte,

« Velut agmine facto,
« Quâ data porta ruunt, et terras turbine perflant.

Ici je supplie mes lecteurs de s'arrêter un moment,
pour fixer attentivement leurs regards sur les prépa-
ratifs de la scene qui va s'ouvrir à leurs yeux. Un
empire vaste et puissant avoit vu s'étendre pendant
un siecle et demi, ses bornes, sa population et ses
richesses : depuis plus de cent quarante ans, il jouissoit d'une grande tranquillité intérieure : deux longs
regnes avoient affermi l'autorité : l'obéissance la plus
absolue étoit devenue une habitude : si le gouvernement rencontra quelquefois des obstacles dans des
corps qui confondoient les limites de leurs droits et
de leurs devoirs, jamais il n'en rencontra dans les
individus : les ressorts invisibles de l'administration
avoient toujours une action forte, prompte et précise :
le trône étoit si élevé, si loin des peuples, et sur-tout
des

des peuples des provinces, que sa majesté paroissoit aussi éloignée de leurs atteintes que de leurs regards : tout-à-coup par le prestige, par l'enchantement, par la magie perfide de l'ambition la plus orgueilleuse, le trône s'abaisse, le voile se déchire, la nuée mystérieuse qui enveloppoit la seconde providence protectrice de cet empire se dissipe, et laisse voir à découvert ses besoins et ses craintes.

Dès lors on peut examiner à loisir ses ressources, ses moyens, sa force, sa foiblesse; on peut, du point où elle s'est rabaissée elle-même, mesurer celui où elle s'étoit élevée : on peut juger du relâchement que cette marche rétrograde a dû opérer dans tous ses ressorts, et calculer les attaques d'après une résistance dont le terme et les moyens sont connus.

Quel moment ! quelle confusion ! quelle agitation ! quel état violent ! Quelles dispositions toutes les passions humaines, ainsi mises en fermentation, vont-elles porter aux Etats-Généraux, à une assemblée dont le souvenir étoit presque perdu, dont le retour ne paroissoit pas vraisemblable, et dont l'ouverture va se faire sous de pareils auspices ? Il étoit aisé de le prévoir : toutes celles qui peuvent amener la ruine d'un Etat; aucune de celles qui peuvent en effectuer la réforme.

Telle fut en effet la perspective qui dut alors se présenter aux yeux de quiconque observa la nation, soit avec la crainte de la voir courir à sa perte, soit avec l'espérance de l'y précipiter; et tel est le tableau que présente la seconde époque.

SECONDE ÉPOQUE.

Etat de la Nation depuis la convocation des États-Généraux jusqu'au 17 juin 1789.

De l'horrible confusion dans laquelle se trouvoit le royaume, durent naître les dispositions dans lesquelles se trouva la nation au moment où ses députés

B

se réunirent. Comme ce sont ces dispositions qui ont fait la révolution, comme elles subsistent encore presque en entier, comme il est plus intéressant que jamais de les contenir, et que tout affoiblissement de l'autorité royale ne serviroit qu'à leur donner plus de jeu, je vais les indiquer ici : elles prouveront, ce qu'il ne faut jamais perdre de vue, ce que je répéterai jusqu'à la satiété, que ce ne sont pas les *Républicains* qui ont perdu le monarque et la monarchie, mais tous ceux que je comprends sous le nom de *Constitutionnels*.

Il existe dans toutes les sociétés, mais sur-tout dans un grand royaume, des hommes qui y sont habituellement inutiles, et qui peuvent y être accidentellement dangereux. Ainsi, dans la composition de notre planète terrestre, il entre des parties, dont nos foibles connoissances ne découvrent pas l'utilité, mais qui ont une destination dans l'ordre immuable des décrets de la Providence ; et qui mues ou échauffées par d'autres parties dans les entrailles de la terre, aident à la fermentation, et préparent ces explosions terribles qui, en changeant quelque point du globe, rappellent l'homme au Dieu créateur, dont elles lui annoncent la vengeance.

La France, à raison de son antiquité, de son étendue, de sa population, de son industrie, renfermoit dans son sein un plus grand nombre de ces êtres, qui ne sortent de leur inertie que dans les troubles publics, dont les auteurs ne manquent jamais de les employer avec succès.

1°. Une foule d'hommes oisivement obscurs, membres parasites de l'Etat, dont ils consomment inutilement la substance ; jaloux sans motif comme sans objet, de l'autorité dont ils pouvoient quelquefois ressentir la gêne, mais dont ils méconnoissoient la protection qui leur assuroit leur repos ; parce que cette protection est, ainsi que la santé, un de ces biens dont on connoît peu le prix, tant qu'on en jouit paisiblement ; flattés de lutter contre cette autorité, parce que dans ce combat la vanité seule les tiroit de leur inertie, ils étoient prêts à entraver, à attaquer même le gouvernement; n'importe comment, n'importe pourquoi, sans même chercher à examiner ce qu'on feroit pour y parvenir, ce qu'on feroit quand on y seroit parvenu; ils ne s'occupoient que de l'effet du moment, très-peu du futur, et nullement des motifs.

2°. Ceux qui, sans projets, sans affection, desiroient un autre ordre de choses, uniquement parce qu'on leur avoit dit qu'il seroit nouveau, parce que l'imagination ouvre une vaste carriere où chacun peut errer sans autre guide que l'exaltation de ses idées, où chacun peut se figurer une perspective qu'il n'atteindra jamais, mais dont il croira s'approcher toujours.

3°. Les mécontens : Dans cette classe, il faut comprendre tous ceux qui, justement ou injustement, avoient essuyé les refus ou les rigueurs du gouvernement; qui s'imaginoient qu'on avoit un titre pour obtenir, dès qu'on avoit l'audace de demander. Ces hommes ne voyoient qu'eux vis-à-vis du gouvernement, ne le jugeoient que par rapport à eux-mêmes : leur animosité secrète devoit être d'autant plus dangereuse, qu'elle s'étoit cru réduite pour toujours à murmurer sans succès et sans espoir, et que des événemens imprévus lui faisoient tout-à-coup entrevoir la possibilité de satisfaire à la fois leur vengeance et leur intérêt.

4°. Les ingrats. La liste de ceux à qui ce nom s'applique, seroit effrayante : jamais souverain plus bienfaisant ne fut plus cruellement récompensé de ses bienfaits, que l'infortuné Louis XVI. La reconnoissance, cette vertu qui est un besoin et une jouissance pour toutes les ames sensibles, est un tourment pour tous les cœurs froids; cette vertu ne souffre pas de partage; et quiconque, à la vue ou au nom de son bienfaiteur, ne sent pas l'élan de la reconnoissance, éprouve dès ce moment, ou éprouvera bientôt le desir d'éloigner un souvenir qui l'importune, et qui lui commande un sentiment que son cœur désavoue. Ceux qui, en recueillant tous les bienfaits du

B 2

gouvernement, n'aimoient en lui que ses libéralités et sa faveur, durent le trahir, dès qu'il n'eut plus rien à leur donner et à leur promettre. Ceux qui, quelque part que se trouve l'autorité, l'encensent toujours afin qu'elle les exauce, durent quitter le Dieu qu'ils avoient adoré, dès qu'il s'élevoit une idole plus puissante, qui seule répandoit à son choix ou les largesses, ou la terreur.

Toutes les classes dont je viens de parler, n'étoient nullement disposées à s'élever contre aucun changement : elles étoient au moins décidées à rester spectatrices du combat qui alloit se livrer entre des factions puissantes et une autorité avilie, entre les argumens sévères d'une raison sage, et les déclamations tumultueuses d'une folie épidémique : mais il étoit facile de les conduire de l'amphithéâtre dans l'arène, et de multiplier les acteurs, afin d'arriver plus promptement et plus sûrement à la catastrophe : on devoit donc compter sur leurs secours, pour la destruction projetée, dès qu'on leur feroit voir que leur avantage étoit d'y coopérer; enfin leur nombre, leurs moyens, leur action, devoient encore s'augmenter par l'amour de la nouveauté; passion puissante chez une nation légère qui, jusqu'alors, n'avoit entrevu et traité les plus grands intérêts, qu'avec cette frivolité qui la rendoit plus aimable, sans qu'elle fût moins à redouter.

Elles furent donc regardées par ceux qui avoient résolu d'abattre l'autorité royale, comme des troupes auxiliaires, qu'au besoin ils pouvoient faire agir, qui dans aucun cas ne se trouveroient contre eux; et ils ne se trompoient pas sur le parti qu'ils vouloient en tirer.

Dans la conspiration formée contre le trône, étoient :

1°. Les Philosophes du jour ou les Athées, ennemis nés de toute autorité supérieure, qui arrête leurs progrès ou qui humilie leur orgueil. L'autorité de la Religion étoit celle dont ils avoient sur-tout concerté la ruine. Mais comment y réussir dans un royaume fondé en quelque sorte sur elle, dont les rois faisoient à leur sacre le serment de la maintenir, où personne ne pouvoit obtenir un emploi public qu'il ne la professât, où un clergé nombreux et instruit formoit le premier ordre de l'Etat, où une multitude d'établissemens religieux, asyles toujours ouverts à l'indigence et au malheur, annonçoient tout-à-la-fois la sainte libéralité, l'antique vénération et la juste reconnoissance des peuples et des grands? En abattant la principale puissance qui protégeoit la Religion, dont elle-même recevoit son premier appui; en renversant le trône avant d'attaquer l'autel.

Cette entreprise étoit difficile : il falloit changer toutes les idées reçues et respectées chez un grand peuple. Pour cela, on débita emphatiquement que l'on avoit fait de grandes découvertes en moralité, qu'on avoit enfin trouvé les grands principes du gouvernement et de la liberté : on analysa tous les sentimens qui naissent et croissent avec nous, l'affection pour les Rois, la vénération pour le clergé, la déférence pour les magistrats, le respect pour la noblesse : une longue suite d'écrits licentieux affecta de présenter les plus anciens principes comme de vieux préjugés, dont la philosophie devoit affranchir l'humanité.

Cette attaque ainsi combinée de la part des Philosophes, étoit un hommage qu'ils rendoient à la nécessité et à l'utilité des *bons préjugés*. Ils jugeoient bien de la facilité avec laquelle ils pourroient égarer des hommes qu'ils auroient réduits à ne vivre *qu'avec le fond particulier de raison qui appartient à chacun, parce qu'en général ce capital est foible dans chaque individu, dès qu'il ne peut plus puiser dans la banque publique des connoissances des nations et des siecles. Ils sentoient qu'un préjugé, y compris sa raison, a un motif qui donne de l'action à cette raison, et un attrait qui y donne de la permanence; qu'il est d'une application soudaine dans l'occasion; qu'il détermine, avant tout, l'esprit à suivre avec constance la route de la sagesse et de la vertu; qu'il ne laisse pas les hommes hésiter au moment de la*

B 3

décision ; qu'il ne les abandonne pas aux dangers du septicisme et du doute : qu'il fait de la vertu une habitude pour les hommes, et non pas une suite d'actions incohérentes ; qu'enfin, par le moyen des bons préjugés, le devoir fait partie de notre propre nature (1).

C'étoit donc cette habitude qu'il falloit détruire, cette nature qu'il falloit changer : ils y avoient réussi en parlant sans cesse à l'homme de ses droits ; et soulevant l'orgueil contre la sagesse, les Etats-Généraux leur donnoient l'occasion de réunir des attaques jusqu'alors isolées, et d'en assurer l'effet en leur imprimant un caractere national.

2°. Les protestans. Ennemis de l'autorité royale et de la Religion Catholique, ils avoient dans l'avant-dernier siecle tenté de détruire l'une et l'autre : toutes deux avoient résisté à leurs efforts ; mais ils n'avoient pas perdu l'espérance de les renouveller : leurs députés arriverent aux Etats-Généraux, avec leur même projet de partager la France en départemens : projet qu'ils avoient conçu dans un temps où ils étoient persécutés, et dont ils vinrent tenter l'exécution au moment où la bonté de Louis XVI avoit assuré leur repos, leurs fortunes, leurs familles et leur état civil. Quoiqu'en général les protestans pratiquent les préceptes religieux plus exactement que les catholiques, leur haine contre l'église les rapprocha des Athées, qui dans leurs écrits avoient toujours pris parti pour eux, moins par prédilection pour l'erreur, que par aversion pour la vérité. Ils implorerent leurs secours au nom de la tolérance ; et les philosophes, dont le secret avoit été révélé par un d'entr'eux, lorsqu'il avoit dit, que *si les philosophes devenoient les maîtres, ils seroient mille fois plus intolérans que les autres*, (2) profiterent de l'aveuglement dans lequel la passion entraînoit les protestans, flatterent leur crédulité par l'espoir de la

(1) Burke.
(2) Rousseau.

vengeance, et s'applaudirent d'avoir acquis, en accordant la protection qu'on leur demandoit, un moyen de plus pour attaquer la Religion dont ils avoient juré la ruine.

3°. Tous ceux dont la rêverie, l'orgueil ou l'ambition avoient cru que le moment étoit venu de se déclarer législateurs, de donner le calcul de leurs intérêts ou celui de leurs idées abstraites comme le résultat d'une sage conception politique. Chacun d'eux prétendoit à l'honneur ou au profit de donner une constitution à la France, chacun en vouloit faire une à sa guise : mais tous trop systématiques, trop orgueilleux, ou trop peu instruits pour se prêter aux convenances des temps, des choses et des personnes, vouloient une table rase, sur laquelle ils pussent dessiner sans contrainte et sans obstacles : le premier pas qu'ils avoient tous à faire, étoit donc de détruire ce qui existoit ; et dans l'exécution de ce plan, les établissemens les plus anciens devoient être les premiers proscrits.

4°. Les partisans de l'anarchie. Cette classe est toujours nombreuse, parce que, pour troubler un Etat, il faut plus d'audace que de talent ; mais elle se multiplie dans les discordes publiques, parce que l'anarchie présente à toutes les passions le succès d'une main et l'impunité de l'autre. Les Etats-Généraux convoqués près de la capitale, dans un moment de disette, dans un siecle corrompu, au milieu de tous les partis qui s'élevoient, offroient aux yeux de ces hommes qui inspirent toujours la terreur ou le mépris, l'espérance trop bien fondée d'une riche récolte de forfaits et d'iniquités. Pour s'en assurer la jouissance, il suffisoit de tout détruire ; et de la multitude des intérêts qui devoient travailler au renversement, devoient naître des difficultés sans nombre qui, en retardant la reconstruction, prolongeroient l'anarchie ou le triomphe de tous les crimes.

5°. Les partisans des deux chambres. — La suite de cet ouvrage fera connoître à quel point ils ont influé sur la révolution. Mais pour voir dès ce moment quel intérêt et quels moyens ils avoient pour

desirer et pour effectuer le renversement de l'ancien
régime, il ne faut que voir comment ils arrivoient
aux Etats-Généraux. Déjà au fond de leur ame
déserteurs de tous les ordres, ils ne pouvoient se
dissimuler qu'ils s'exposoient à être rejetés par tous;
ils vouloient donc en créer un nouveau dont l'entrée
ne pouvoit être ouverte qu'à un petit nombre, mais
pouvoit être promise à une multitude, que cette
chimere ne manqueroit pas de séduire. C'étoit en
trahissant leur ordre et leur serment, qu'ils devoient
commencer l'illustration de leurs familles; il étoit
aisé de concevoir ce que produiroit un pareil début;
que rien ne coûteroit à des législateurs, qui se donnoient eux-mêmes leur mission, et qui l'établissoient
sur un parjure. Ces transfuges de l'honneur et de la
vérité offroient à leurs prosélytes un appas séduisant, *dans l'humiliation et la destruction de leurs
propres corps. Pour de tels faux freres, toutes
les distinctions qui faisoient le bonheur de leurs
égaux, n'étoient pas l'objet d'un sacrifice : lorsque
des hommes de naissance se laissent aller à des
mécontentemens, ils méprisent leur propre ordre, en
proportion du degré de bouffissure que leur donne
l'idée de leur mérite personnel et que leur arro-
gance leur suggere. Les intérêts de chaque partie
de la subdivision sociale sont un dépôt confié aux
mains de ceux qui la composent ; et comme il n'y
auroit que de mauvais citoyens qui pussent en protéger les abus ; il n'y a que des traîtres qui puissent
pour leur propre avantage vouloir les abandonner* (1).*

Enfin ce parti étoit dangéreux, parce qu'il affectoit de montrer sous un jour favorable l'exemple d'une
nation voisine et puissante, et parce qu'il avoit soin
de cacher les différences locales et les inconvéniens
réels. Il séduisoit ainsi ceux qui jugent avec enthousiasme et sans réflexion, et qui se contentent de voir
les choses en masse. Il paroissoit vouloir classer les
trois pouvoirs ; il s'annonçoit comme respectant les

---

(1) Burke.

propriétés , comme voulant laisser à la France ses États-Généraux sous une autre forme , dont l'utilité étoit , disoit-il , démontrée par l'expérience.

Ces différentes hordes accouroient toutes avec un projet de destruction , profondément médité , dont la base étoit la rebellion , dont le moyen devoit être la terreur , et dont l'issue dépendoit de la constance avec laquelle chacune en suivroit l'exécution. Mais toutes , dans les premières attaques formées contre l'autorité , dévoient être secondées par trois factions aussi opposées entr'elles , qu'ennemies de toutes les autres.

Car telle a été dans cette étrange révolution la malheureuse destinée de la monarchie , que les partis les plus opposés se sont mutuellement aidés et trompés pour parvenir à la renverser , et se débattent aujourd'hui sur ses ruines. Tant il est vrai que la cupidité , l'orgueil , la haine et la passion ne peuvent jamais se réunir que pour le mal , et se désunissent à l'instant qu'il est consommé !

La première de ces factions étoit le parti du duc d'Orléans , de cet homme dont le nom est devenu le synonyme de tous les crimes , qui , n'ayant que le désir impuissant de la scélératesse sans en avoir l'énergie , a cessé d'être , dès qu'il a été connu. L'histoire dira un jour quels ressorts secrets on fit jouer pour le mettre en évidence ; quelles furent l'espérance et l'erreur de ceux qui , en lui inspirant l'idée , crurent lui avoir suggéré la force de devenir un usurpateur.

Pour le but que je me propose , je n'ai qu'à rappeller ce qui ne fait plus aujourd'hui la matiere d'un doute , que Philippe vouloit détrôner Louis XVI , qu'il ne pouvoit y réussir qu'en changeant les habitudes et les affections de tout un peuple ; qu'il falloit replonger dans le chaos la masse entiere d'individus qu'il vouloit recréer ; que pour cela il falloit introduire l'anarchie , ne laisser au peuple égaré aucun relâche , pendant lequel il pût regarder en arriere , et mesurer avec effroi l'intervalle qu'il auroit fran-

chi; qu'il falloit le pousser sans cesse d'extrêmes en extrêmes, l'accabler de tous les maux en lui promettant
tous les biens, et que lorsqu'il seroit entièrement perdu
dans un océan de calamités, on lui montreroit alors
dans le prince qu'il avoit chéri, le seul Roi, qui pût
lui rendre le bonheur en lui laissant la liberté.

La seconde étoit celle de M. *Necker*. Malgré la
répugnance qu'une grande droiture de cœur et d'esprit inspiroit au roi contre ce genevois, qui avoit
emprunté le voile de la vertu pour couvrir toutes les
ressources de l'intrigue, M. *Necker* venoit de rentrer dans le ministere. L'archevêque de Sens lui-même
avoit facilité son retour. Ce prélat, qui n'étoit encore
connu que par l'orgueilleuse ignorance de son administration, s'étoit totalement égaré dans les finances : il avoit achevé de perdre le crédit; pour le
ramener, il voulut flatter l'opinion que M. *Necker*
avoit eu l'art de diriger sur lui; et dont ses créa-
tures avoient toujours soigneusemeut entretenu la direction. Mais il lui falloit de plus quelqu'un qui par-
tageât sa haine contre les deux premiers ordres, et
contre la magistrature; quelqu'un qui adoptât et
suivît le système de les écraser. M. *Necker* étoit peut-
être le seul dans lequel toutes ces conditions se trou-
vassent éminemment réunies. Il haïssoit mortellement
le clergé, qui avoit découvert le poison secret de ses
opinions religieuses, la noblesse qui offusquoit son
orgueil, la magistrature qui avoit démasqué ses
projets; il se flatta qu'en rendant ces ordres odieux
au peuple, il s'attacheroit celui-ci, qui, dans son
enthousiasme, se précipiteroit aux pieds de son bien-
faiteur; qu'alors maître absolu, et maître par l'opinion publique, de la principale force, il abattroit
aisément tout ce qui gêneroit sa marche; que plus
aisément encore il persuaderoit au Roi et à la nation,
qu'il étoit seul capable d'arrêter l'anarchie, qui
accompagne quelquefois les grands changemens politiques; et qu'enfin, au nom d'un Roi qui croiroit
lui devoir la soumission de ses sujets et la tranquillité de son royaume, il exerceroit seul une autorité

entiere et souveraine , sur un peuple qu'il auroit
rendu esclave en lui faisant accroire qu'il le rendoit
plus libre. Il suffit d'avoir connu M. *Necker*, ou même
d'avoir lu ses ouvrages, productions d'un perfide loisir, pour sentir combien sa vanité devoit sourire à
une pareille perspective ; devoit se complaire dans un
pareil avenir ; il suffit de penser à la place qu'il oc-
cupoit, aux moyens par lesquels il y étoit parvenu,
au moment dans lequel il y étoit rentré, pour sentir
qu'elle lui donnoit toutes les facilités de préparer ses
projets. Il avoit à sa disposition le trésor public qu'il
avoit alimenté par un crédit factice et par des sacrifices apparens ; les subsistances qu'un orage désas-
treux avoit détruites, qu'il falloit faire venir de
chez l'étranger, et qu'il pouvoit arrêter à son gré ;
le peuple , dont il avoit flatté les passions , fomenté
l'inquiétude, échauffé l'imagination , et qui croyoit
qu'on le rapprochoit du trône , en ôtant les intermédiaires qui l'en avoient séparé depuis le commencement de la monarchie. La fidélité des troupes l'in-
quiétoit encore ; il profita du moyen que lui donnoient les circonstances , de la confiance absolue et
sans réserve qu'il usurpa par les menées les plus
criminelles , pour n'envoyer aux commandans que des
ordres ambigus , dont le résultat devoit être que la
force militaire ne se déployât , que pour rester spec-
tatrice de ce que feroit un peuple en insurrection.
Cette profonde combinaison étoit le chef-d'œuvre de
la plus atroce perversité. Le peuple ne peut jamais
honorer que ce qu'il craint , il ne peut aimer que
ce qu'il honore : en avilissant devant lui l'autorité ,
on détruit d'un seul coup son amour , son respect
et sa soumission ; en déployant insidieusement devant sa révolte une force que l'on a secrètement
condamnée à l'inaction, on élève la force du peuple ,
et on mine celle du gouvernement.

Il faut en convenir, M. Necker, dans les détails
de cette préméditation cruelle, fut puissamment se-
condé par les autres factions. Elles jugerent bientôt
qu'elles tireroient un grand avantage de ce que M.

Necker faisoit pour le sien : elles profiterent adroitement de l'amour propre de ce ministre, qui prenoit pour des succès personnels les succès que lui-même facilitoit à ses plus grands ennemis.

Lorsque ces premieres bases furent bien établies, ou du moins lorsqu'il les jugea telles, il essaya ses forces, qu'il crut être celles du peuple. Cet homme bienfaisant, qui, dans tous ses ouvrages, ne parloit que d'humanité, de douceur et de vertu, mit le poignard dans la main du peuple dont il vouloit être l'idole; il fit massacrer en Bretagne les gentils-hommes que le peuple lui-même avoit défendus deux mois auparavant : en Provence et dans plusieurs villes du royaume, il fit attaquer, insulter et poursuivre les prêtres et les évêques.

Enfin sa vanité fit un dernier calcul, dont l'intention ne fut pas moins coupable, et dont l'effet tourna également contre lui. Il fit imprimer le rapport du 27 décembre 1788, pour apprendre à vingt-cinq millions d'hommes, que lui seul se dévouoit pour faire leur bonheur : toutes les factions ennemies triompherent en secret du coup porté à la monarchie, et en public elles exalterent la sublimité d'une décision, qui leur étoit nécessaire, qu'elles eussent difficilement obtenue, qui doubloit tous leurs moyens; et dont elles se promettoient bien d'écarter, quand il en seroit temps, et le but et l'auteur. Ivre d'encens, aveuglé de sa grandeur future, M. *Necker* n'apperçut aucun de ces complots, ou n'en prévit pas les dangers; rapportant toujours tout à lui seul, persuadé que tout plieroit sous lui, il vit dans l'ouverture des Etats-Généraux l'époque de son immortalité, et arriva dans l'Assemblée comme une divinité qui alloit anéantir l'auguste vieillesse d'un grand empire, et d'un seul mot en créer un à son image.

Mais il se formoit un troisieme parti qui devoit déjouer tous les autres, qui n'annonçoit pas comme eux ses prétentions, qui secondoit tous leurs efforts, dans le dessein d'en profiter un jour. Ce parti étoit celui des *républicains*. Dans ses orgueilleux concilia-

bulés; il s'étoit promis de détruire entièrement la
monarchie; l'exécution de ce plan étoit vaste et difficile, la préméditation en fut grande et savante. Il
falloit se tenir long-temps à l'écart, ne point annoncer
son projet; mais ne le jamais perdre de vue, suivre
les progrès de toutes les factions, tenir un registre
exact de leurs attaques, de leurs succès, des changemens qui se feroient dans le peuple, et à mesure
que ses anciennes idées s'effaceroient, lui en indiquer
qui l'auroient choqué d'abord, le laisser s'habituer
à tous les crimes, et s'enfoncer de plus en plus dans
un abyme de corruption, pour lui ôter toute espérance de pardon et tout sentiment de repentir. Tous
ces calculs furent faits avec précision, et suivis avec
exactitude. Les *républicains* combinerent leur marche,
moins sur leurs propres moyens que sur les moyens,
les fautes ou les succès de leurs ennemis, dont ils
paroissoient les complices; et si leur triomphe est de
courte durée, s'ils périssent aujourd'hui, c'est qu'indépendamment de l'impossibilité de faire de la France
une république, ils ont, à force de vouloir niveler,
interverti l'ordre naturel des choses; c'est qu'ils ont
surchargé l'édifice de la société, en plaçant en haut
ce qui, pour la solidité de la construction, devoit
être placé à la base; c'est qu'ils se sont fondés sur
une usurpation qui est la pire de toutes, celle des
prérogatives de la nature; c'est que s'étant fait un
besoin journalier des moyens les plus infames, il leur
a fallu remuer sans cesse jusqu'à la derniere lie de
la populace; et que ce sédiment infect, une fois élevé
à la superficie, s'y maintient par l'agitation même
qui l'y a fait monter.

Telle fut la composition de la masse effrayante que
la convocation des Etats-Généraux précipita sur la
monarchie, et dont toutes les parties hétérogenes
devoient se diviser aussi-tôt qu'elles auroient abattu
le seul obstacle contre lequel elles réunissoient leurs
chocs.

Pour lutter contre tant d'efforts, pour opposer à
une ligue si formidable, la monarchie ébranlée n'a-

voit que le petit nombre de ceux qui ne desiroient que le bien, qui vouloient que, puisqu'on avoit tant fait que d'assembler les Etats-Généraux, on en profitât pour connoître les maux, et pour employer les ressources de l'Etat; et, ce qui est bien remarquable, ces dispositions furent les seules qui parurent dans la majorité des *cahiers* : il y en eut très - peu qui demandassent que l'on changeât l'ancienne constitution du royaume. Avant qu'on eût achevé de l'aveugler et de le corrompre, ce peuple, qui étoit alors François, eût rejetté la seule proposition d'avilir son souverain, de dépouiller son clergé, de proscrire sa noblesse, de détruire sa magistrature; il desiroit les affranchir de quelques abus, que les temps et la nature humaine introduisent dans les meilleurs établissemens; mais c'étoit pour les rendre plus dignes de ses respects : on ne corrige pas ce qu'on veut changer; on ne répare pas ce qu'on veut abattre.

De là naissent deux réflexions;

1°. Lors de la rédaction des cahiers, les *constitutionnels* ne proposerent pas ouvertement leurs projets. Pourquoi, si ce n'est parce qu'ils craignirent de ne pas obtenir de la nation le pouvoir qu'ils étoient décidés à usurper sur elle? Ils ne le tiennent donc que d'eux seuls; ces législateurs ont donc agi en conquérans : on ne dut pas s'en étonner. Leurs mandats une fois violés ou écartés, ils n'avoient pour régner que le droit de conquête : je reviens souvent sur ce mot, parce qu'il explique tout.

2°. Tout changement dans notre ancienne constitution est donc contraire aux vœux de la grande pluralité de la nation (Je reviendrai, dans la troisieme partie, sur cette proposition). En vain, pour prouver que son opinion est changée, invoqueroit-on cette foule d'*adresses* mendiées ou fabriquées; je dirois d'abord qu'il n'y a plus de vœu national, là où il n'y a plus de société, et qu'il n'y a plus de société, là où il n'y a plus ni lois ni gouvernement. Je demanderois en second lieu, ce que je demandois

au mois de février 1790 (1), que l'on fît connoître
le nombre et les qualités de ceux qui, dans chaque
ville, ont depuis 4 ans vôté pour les élections. En
répétant cette opération pour tout le royaume, les
partisans de la révolution pourroient voir dans un
seul tableau leur nombre et leur état de situation ;
et ce mot, si emphatiquement répété, d'approbation
universelle, se trouveroit arihmétiquement démontré
n'être qu'un pompeux mensonge. Je desirois alors,
et je desirerois encore aujourd'hui, que quelqu'un fît
ce calcul intéressant, et présentât à l'Europe entière
cette *adresse* vraiment *nationale*, à laquelle il n'y
auroit pas de réplique.

En relisant aujourd'hui la plus grande partie des
cahiers de 1789, il est difficile de se refuser à ces
douloureuses réflexions ; mais à l'instant même de leur
rédaction, on dut craindre qu'ils ne fussent pas suivis,
en voyant la liste de ceux à qui l'exécution en étoit
confiée ; on dut craindre dans les députés ce choix
purement volontaire du mal : cette inclination déter-
minée qui refusa tous les bienfaits, se roidit contre
la condescendance, se révolta contre la protection,
et enchaîna la main qui leur apportoit le bonheur et
la tranquillité.

Lorsque des hommes sont tirés tout-à-coup de leur
obscurité, pour s'occuper d'un grand objet entièrement nouveau pour eux, le nom qu'on leur donne,
les fonctions qu'on leur attribue, l'autorité qu'on leur
délègue, ne peuvent les rendre différens de ce qu'ils
sont par la volonté de Dieu, par la force de l'éduca-
tion et des habitudes. Le peuple ne peut donner aucuns pouvoirs qui aillent au-delà. La vertu et la sagesse
peuvent bien être le but de son choix ; mais son choix
ne confere ni l'un, ni l'autre ; *il n'a, pour un tel*

---

(1) Sixieme Lettre d'un commerçant à un cultivateur, page 6.
Dans le temps que j'écrivois ces lettres, on exigeoit encore un
écu de contribution directe pour entrer dans les assemblées d'élections. Depuis, on a même ôté cette gêne, qui, suivant le *législateur*
Garat, déshonoroit la constitution.

pouvoir, ni les ressources de la nature, ni les dons de la révélation.

La double représentation du Tiers-Etat le mettoit en nombre égal avec les deux autres ordres. Dès qu'il devint probable qu'ils seroient tous confondus ; la moindre désertion des deux premiers devoit réunir tout le pouvoir dans le troisieme. Sa composition intrinseque devenoit alors de la plus grande conséquence.

Les praticiens en formoient le plus grand nombre. D'obscurs avocats de province, des notaires et des procureurs de village, dont les idées n'étoient jamais sorties du cercle étroit et fastidieux d'une chicane compliquée, ne pouvoient manquer de se joindre, lorsqu'ils n'auroient pas le talent de conduire, à tous ceux qui auroient l'adresse de flatter leur amour-propre, en leur proposant un état de choses, qui mettoit tout-à-coup à leurs pieds tout ce qui avoit toujours été au-dessus d'eux. Ainsi, même en ne leur supposant aucune mauvaise intention, ils devoient commencer par l'erreur pour arriver à la corruption ; et lancés une fois dans une mer qui leur étoit entièrement inconnue, emportés par un tourbillon qu'ils n'avoient pas prévu, difficilement pouvoient-ils pendant l'orage s'éloigner d'une route où ils se trouvoient engagés, et où ils étoient retenus, autant par crainte que par intérêt. En un mot, ils devoient être ou dupes ou complices. Cette alternative est, sur-tout dans les classes inférieures du peuple, le partage de la majeure partie ; il y a peu d'hommes qui réunissent la vertu, le courage et les lumieres ; et au milieu des dangers et des piéges sans nombre que l'on rencontre dans les convulsions politiques, il faut avoir, pour y échapper, un cœur droit qui cherche le bien, un esprit juste qui le saisisse, et une ame forte qui le soutienne.

C'est ainsi que M. *Necker* avoit combiné la force du Tiers-Etat ; et pour la rendre plus infaillible, il lui avoit donné encore plus de latitude, en appelant sur-tout, les curés de campagne à la députation du Clergé.

Clergé. La persécution qu'ils éprouvent depuis trois ans, leur résignation, leur courage, leur désintéressement, ont mis dans le plus grand jour leur religieuse probité ; mais l'insidieux *Necker* avoit bien jugé que cette probité ne seroit pas à l'abri de la séduction. Des hommes qui n'avoient jamais administré qu'une paroisse de village, admis tout-à-coup à *régénérer* un royaume, sembloient ne venir que pour se laisser, sans précautions et sans défense, éblouir, effrayer, ou tromper par ceux qui vouloient les rendre d'abord les instrumens, puis les victimes de leurs complots.

Certes, tous ces ingrédiens étoient plus que suffisans pour produire l'explosion que M. *Necker* en attendoit ; mais comme s'il eût craint que leur fermentation ne fût pas assez active, que la France ne pût pas à elle seule lui fournir tous les poisons dont il avoit besoin pour saupoudrer l'appareil qu'il vouloit appliquer, il en fit venir de toutes les parties de l'Europe. A sa voix accourut une multitude de scélérats, qui, fuyant la vengeance des loix de leurs pays, lui parurent vraiment propres à renverser toutes les nôtres. Son hypocrisie donna à cette atrocité le masque de la bienfaisance. Des atteliers furent établis : le roi, par le conseil perfide de son ministre, nourrit et paya ceux qui devoient un jour se baigner dans son sang. Ce fut là la premiere origine de ces monstres connus depuis par leurs forfaits, *des coupe-têtes*, *des Jourdan*, *des Marseillois*, *des sans-culottes*. La premiere invention en est due au chef tant prôné par les *constitutionnels* : c'est M. *Necker* qui le premier les a appellés, payés et protégés ; c'est lui qui, pour qu'ils fussent plus à sa disposition, pour qu'ils pussent donner plus aisément à Paris l'exemple de la révolte et le signal de la terreur, les faisoit travailler en apparence auprès de Montmartre, en attendant qu'il leur donnât l'ordre d'inonder la capitale.

Enfin M. *Necker* voulut avoir sous sa main une assemblée dont il espéroit diriger la marche, et dont il attendoit son soutien. Il ne se dissimuloit pas qu'il pourroit succomber à la juste indignation qu'excite-

C

roient contre lui les premieres atteintes portées à la royauté, au clergé et à la noblesse; que le Roi seroit en droit de lui reprocher et de lui imputer l'insurrection de ce peuple, dont il lui avoit sans cesse vanté la soumission et la reconnoissance; et en assemblant les Etats-Généraux à Versailles, il crut se donner les moyens de profiter à chaque instant de leur pouvoir pour augmenter le sien, et de s'adosser contre eux pour résister aux véritables défenseurs du Roi et de la royauté.

Tous ces calculs de l'orgueil sans force, et de l'ambition sans génie, furent aussi faux que M. *Necker* lui-même. Il multiplioit toujours l'étendue de ce qu'il appelloit ses moyens, par l'admiration exclusive qu'il avoit et qu'il croyoit inspirer pour sa personne : on l'entretint, on entretint le peuple dans cette idolâtrie ; mais un moment devoit arriver, où ce ministre conspirateur ne pourroit plus ni contenir, ni diriger les conjurés qu'il avoit convoqués; et où, certains de tout détruire avec les armes qu'ils tenoient de lui, ils pourroient abandonner à sa nullité le traître qui les leur avoit données.

TROISIEME ÉPOQUE.

État de la Nation depuis le 17 Juin 1789 jusqu'au
10 *Août* 1792.

Je place au 17 Juin le commencement de la Révolution , parce que c'est ce jour-là que la chambre du Tiers-État s'est déclarée Assemblée - Nationale. Or , à cet instant la révolution a été faite : il n'y avoit qu'un seul moyen de l'arrêter , c'étoit , comme le Roi en avoit le droit , et comme il y étoit obligé , de dissoudre sur le champ les États - Généraux , de faire juger et exécuter les principaux factieux : douze têtes auroient sauvé l'État. Dans les grandes crises politiques , comme dans celles du corps humain , il n'y a souvent qu'un instant pour l'amputation qui doit arrêter les progrès de la gangrene ; si on le laisse échapper , on perd tout , parce que le temps ne se retrouve jamais.

Pendant quelques jours , les chefs de la révolte tremblerent sur le sort qu'ils savoient bien mériter : mais la foiblesse du gouvernement leur rendit leur audace , et le serment du jeu de paulme dévoila ce qu'on devoit en attendre.

Tous ceux qui le prêterent , sans exception , trahirent l'État , étoient coupables de leze-majesté , et devoient être jugés comme tels. Ils furent la cause de tous les maux ; à l'instant où ils prirent cet engagement criminel , ils écarterent définitivement leurs cahiers , ils s'établirent les maîtres de leurs mandataires. Ce fut à l'aide de ce serment qu'ils se débarrasserent des entraves de celui qu'ils avoient préré à leur nomination. Les noms de ceux qui se rendirent ainsi parjures doivent être gravés , avec le burin d'une vérité vengeresse , dans les annales de la monarchie qu'ils ont détruite. Il n'est point pour eux de repentir qui puisse les justifier au tribunal inexorable de l'histoire. L'inscription de leurs noms sera et est

C 2

dès aujourd'hui leur arrêt. Ce ne sera pas à des *Bris-sot*, des *Marat*, des *Manuel*, que la postérité demandera compte de quatre ans d'horreurs et de calamités : ce sera à ceux dont les noms ont seuls figuré dans les premiers momens de la révolution, à qui seuls s'adressoient tous les hommages du peuple stupide, qu'ils avoient rendu rebelle. Je ne les nommerai point ici ; je les abandonne à leurs remords : qu'ils expient, dans l'éternel oubli de la retraite, l'égarement de leurs cœurs et de leurs esprits : qu'ils pleurent en larmes de sang sur une épidémie qu'eux seuls ont apportée et propagée : mais qu'ils ne viennent pas nous donner des palliatifs, lorsqu'il faut des incisions vives et profondes pour guérir la plaie qu'ils ont faite, et nous offrir des secours plus dangereux encore que leur premiere trahison.

Au lieu de punir cette trahison, on la récompensa. On crut qu'il falloit composer avec la rebellion, et lui donner une partie de ce qu'elle vouloit arracher. La déclaration du 23 juin fut un nouvel aliment pour une fureur audacieuse qu'elle mettoit à découvert, en lui ôtant tous ses prétextes ; on y répondit en demandant à coups de pierres, et *au nom d'un Dieu de paix*, la réunion des ordres. La lâche désertion de plusieurs membres des deux premiers ne pouvant ébranler les autres qui restoient fideles à leurs devoirs, on dirigea vers le trône la terreur à laquelle ils étoient inaccessibles ; et la réunion, ou plutôt la destruction des ordres, completta la révolution.

Dès lors il n'y eut plus en France de gouvernement ; il n'y eut plus d'autre autorité que celle de la terreur. L'Assemblée elle-même fut soumise à son influence, elle n'eut plus l'aspect imposant des députés d'un grand peuple, consultés par un grand Roi ;

« Nec color imperii, nec frons erat ulla senatûs :

et au milieu des cris tumultueux d'une canaille d'hommes féroces et de femmes perdues, ses délibérations n'eurent ni décence ni liberté.

Certainement tous ceux qui brilloient alors avec

plus d'éclat, qui armoient le peuple, qui deman-
doient au souverain d'éloigner ses troupes, pour se
livrer à eux sans défense, qui prononçoient, en pré-
sence du clergé et de la noblesse, l'absurde suppression des dîmes et l'injuste abolition des droits seigneuriaux, étoient bien les *constitutionnels*; eux seuls
conduisoient tout.

Necker, leur ennemi commun, est renvoyé; ils
se servent de son nom pour soulever la capitale,
et *La Fayette* et *Bailly* prennent le commandement
de cette ville rebelle. Les fidèles serviteurs du roi sont
massacrés; le peuple s'abreuve de leur sang et se
nourrit de leur cœur; et *Barnave* demande avec le
calme, avec l'ironie du cannibale le plus endurci:
Le sang qui coule est-il donc si pur? D'infâmes
soldats, séduits à force de vin, de crapule et d'argent, tournent leurs armes contre leurs officiers,
contre leur Roi, et un *Clermont-Tonnerre* s'écrie: *Il
n'y a point de coupables là où il n'y a point de crime : les soldats de la liberté ne peuvent être des déserteurs.* On propose au Roi le seul parti qu'il eût à
prendre, d'aller avec son armée dans une place forte
de son royaume; et un *Liancourt* et un *Montmorin*,
profitent, abusent de l'empire qu'ils ont sur lui, pour
lui persuader de se rendre à discrétion à l'Assemblée
qui le détrônoit: il vient à Paris échanger sa couronne
contre le signe tricolore de la révolte; et M. de
Tollendal lui fait l'application la plus cruelle de la
paraphrase de l'ecce homo, à laquelle la populace ne
comprit rien, sinon qu'on lui demandoit grace pour
un maître dont à peine elle eût osé l'attendre. Dans
l'orgie nocturne du 4 août, l'ineptie, l'audace, la
foiblesse, le parjure, l'oubli de tous les devoirs et de
tous les droits, hâtent la derniere heure de la plus
belle monarchie; et ce même M. de *Tollendal* couronne cette séance bachique, en faisant proclamer
le Roi *restaurateur de la liberté Françoise*, au milieu
des crimes et des folies de la plus exécrable licence.
Le 5 octobre, *Philippe le régicide* envoye à Versailles
une armée de *Ravaillacs*; et les *constitutionnels* la

laissent partir et arriver, afin d'avoir un prétexte pour
y marcher eux-mêmes avec des forces imposantes,
et paroître les libérateurs du souverain qu'ils venoient
enchaîner.

Avant de quitter Versailles, ils firent accepter les
premiers articles de leur constitution, et la déclaration des droits de l'homme ; cette déclaration à laquelle
ils avoient tous concouru, et dont ils s'étoient déjà
servis avec succès : alors, tranquilles sur la suite de
leurs opérations destructives, ils réduisirent le monarque prisonnier à n'être plus que leur premier
commis ; sa signature devint la griffe de l'Assemblée ;
un de ces législateurs impies, qui abattoient d'abord
la morale et la probité, pour bâtir ensuite sur leurs
ruines, osa dire que *lorsqu'on demandoit au Roi sa
sanction, on ne lui demandoit pas son avis*. Ils in-
sulterent à ses malheurs, à l'évidence de sa captivité, à la crédulité de ses sujets, en lui faisant signer,
le 9 octobre, une proclamation, qui attestoit l'impos-
ture de sa liberté : et peut-être, si la juste vengeance
du Ciel ne les eût point aveuglés dans leur prospérité,
eussent-ils établi leur tyrannie avec une apparence de
solidité, suffisante pour en imposer pendant quelque
temps à la multitude, qui juge toujours sur le succès
du moment.

Il est rare que ceux que la Providence destinoit
à obéir, usent avec modération du pouvoir que l'iniquité a mis tout-à-coup entre leurs mains. Leur
orgueil semble alors vouloir se dédommager de ses
longues privations, et veut étendre sans cesse une
autorité qu'il craint toujours de perdre, parce qu'il
sent qu'elle ne lui appartient pas.

C'étoit peu pour eux de *régénérer* la France ; ils se
crurent appellés à régénérer l'Europe et le monde
entier : il fut décidé, dans la perversité de leurs conseils, qu'il falloit répandre par-tout le feu qui em-
brasoit leur malheureuse patrie ; qu'il falloit faire
trembler tous les Rois sur leurs trônes, et troubler
perpétuellement leurs Etats, pour leur ôter, si non le
desir, au moins la possibilité de venir briser les fers de

Louis XVI, et ils établirent le club de la *propagande*.

C'étoit à ce moment que les attendoient les républicains. L'insurrection étoit annoncée et établie comme un droit et comme un devoir : tous les trônes étoient attaqués ; on ne parloit que d'une conspiration générale pour étendre ce que l'on appelloit le progrès des lumieres : ils jugerent qu'il étoit temps de prendre publiquement un point de réunion, et de fixer sur eux les yeux du peuple, qui, grace à leurs prédécesseurs dans le crime, perdoit chaque jour ses plus heureuses et ses plus anciennes habitudes. Le *club* des *Jacobins* fut formé, et donna naissance à tous ceux qui sont devenus depuis le véritable pouvoir exécutif de ce gouvernement.

Loin d'être effrayés de l'établissement des *jacobins* (1), les *constitutionnels* crurent qu'ils pourroient en tirer une grande utilité. Ils se servoient auprès du Roi des progrès et des principes des *jacobins*, pour lui persuader que l'ancien régime étoit proscrit sans retour ; que ce seroit tout perdre que de vouloir le rétablir ; qu'il falloit composer avec les temps et les circonstances ; qu'un parti mitoyen pouvoit seul sauver l'Etat : ils rejettoient sur les *jacobins* exclusivement les pillages, les incendies, les assassinats qui sortoient du fonds commun de ces deux sociétés rivales, et ils répétoient sans cesse que la constitution remettroit tout dans l'ordre.

Auprès du peuple, ils s'en servoient pour l'entretenir dans sa rebellion, pour éloigner, pour massacrer tous ceux dont ils redoutoient le zele et la fidélité, pour fortifier leur parti par la crainte d'un parti extrême, et paroître agir en pacificateurs, lorsqu'ils agissoient en conquérans.

Cette conduite des *constitutionnels* pouvoit leur applanir bien des difficultés, et les mener promptement à leur but, si en laissant agir les *jacobins*, ils avoient toujours eu la force ou l'adresse de les arrêter

_____

(1) Les *républicains* ne voulant point prendre encore leur véritable nom, prirent celui de *jacobins* qu'ils ont conservé.

à volonté; mais ce fut là l'écueil où ils vinrent se briser.

Les *républicains* marchoient toujours sur la même ligne; ils ne connoissoient point d'obstacles; ils chassoient devant eux des *pionniers qui niveloient tout*, et des satellites qui portoient la terreur ou la mort. Certains d'obtenir tout avec le temps d'un peuple accoutumé à la sédition, ils le tenoient dans une fermentation perpétuelle : ils savoient bien que la constitution qu'ils paroissoient adopter avec transport, ne pouvoit soutenir ni l'examen du plus simple bon sens, ni l'épreuve de la plus courte expérience; qu'avec tant de forces particulieres, il ne pouvoit y avoir une force publique; que toutes ces autorités rivales ne pouvoient manquer de devenir ennemies; que tous ces prétendus législateurs n'avoient donc fait autre chose, que de substituer des idées inexécutables à des réalités existantes; qu'ils avoient acheté *constitutionnellement* la pauvreté à force de folies, et l'anarchie à force de perversités; qu'en cet état, la nation étoit au point où les *jacobins* devoient le desirer; qu'on lui avoit enfin persuadé que *tous les établissemens en France couronnoient le malheur du peuple; que pour le rendre heureux, il falloit le renouveller, changer ses idées, changer ses loix, changer ses mœurs; changer les hommes, changer les choses, changer les mots et tout détruire, parce que tout étoit à recréer* (1); qu'il n'y avoit rien qu'on ne pût faire adopter à des hommes qui étoient dans cet état, qui ne pourroient plus être gouvernés, mais qu'il étoit facile de tenir toujours dans l'égarement, jusqu'à ce qu'on fît luire aux yeux de ces naufragés le fanal de la république, comme le seul qui pût les réunir et les sauver.

Un seul obstacle eût pu les arrêter : c'étoit l'habitude de la royauté, l'amour que ce peuple avoit toujours eu pour ses Rois, celui sur-tout qu'il avoit

---

(1) Cette inconcevable absurdité fut prononcée par *Rabaud*, et louée par *Garat*.

toujours montré pour Louis XVI, pour un prince dont il n'avoit jamais reçu que des bienfaits, et dont tant de fois il avoit éprouvé la bonté. Mais cet obstacle diminuoit tous les jours par les soins des *constitutionnels*. Pour fortifier leur pouvoir, chacun de leur décret anéantissoit celui du Roi, les *Jacobins* les secondoient, bien convaincus qu'une autorité emprisonnée, avilie et annullée, tomberoit quand ils le voudroient avec l'absurde constitution, qui sembloit conserver ce fantôme.

Dès le mois de janvier 1790, je prévis la destruction totale de l'autorité royale; je l'annonçai dans la *Nullité et despotisme de l'Assemblée prétendue Nationale*, dans l'*Etat actuel de la France*, et dans les *Lettres d'un commerçant à un cultivateur*. Dans ce dernier ouvrage sur-tout, je fis voir, en analysant le réglement sur toutes les Municipalités, (réglement chéri des constitutionnels et seule cause de leur grandeur éphémère) qu'il suffisoit de le lire, pour se convaincre que toute l'autorité étoit entre les mains du maire et des officiers municipaux; que les objets sur lesquels ils ne l'exerçoient pas absolument étoient dans la dépendance des Assemblées de districts et de départemens; qu'il n'étoit pas même question du Roi dans le décret, et que si on en donnoit tous les articles (excepté celui du serment, et le dernier où le nom du Roi se trouvoit par hasard) à lire à quelqu'un qui ne connût pas la France, il ne lui viendroit jamais dans l'esprit de soupçonner que ce pût être une monarchie. Je dis dès lors que le Roi n'étoit plus rien, ni dans l'administration, ni dans la législation, qu'il n'étoit donc plus rien dans son royaume; qu'il n'y avoit plus même le droit de citoyen; qu'il n'y avoit plus d'autres droits que celui (si toutefois c'en étoit un) de consentir forcément à des loix qu'on feroit *sans lui*, et d'être spectateur d'une administration qui ne devoit tenir ses pouvoirs que *de lui*, et où il n'étoit pas question *de lui*.

Tous ces coups étoient portés contre l'autorité royale par deux partis déjà très-divisés entr'eux;

c'est ce qui produisit cet accord apparent avec lequel le côté gauche de l'Assemblée frappoit sans cesse sur tous les intermédiaires, soutiens de la royauté ; il vouloit une surface unie, parce que la pression est égale par-tout, et n'éprouve de résistance nulle part. De-là le vol fait au clergé, le refus de ses offres, l'établissement des assignats, l'abolition de la noblesse, la destruction des tribunaux, l'impunité de tous les meurtres, l'encouragement de toutes les violations des propriétés.

Au milieu de ces désordres, dont il avoit le premier donné l'exemple et les moyens, M. *Necker* traînoit en vain les restes de son impuissance politique ; sa gloire, son autorité, son masque, tout étoit tombé, le jour qu'il étoit venu à l'hôtel-de-ville triompher du souverain qui avoit eu le tort irréparable de ne pas faire voler sa tête ; il n'étoit resté que M. *Necker* tout seul, et M. *Necker* connu et jugé, c'est-à-dire, haï ou méprisé ; devenu le jouet de l'Assemblée qu'il avoit créée, il eut recours à toutes les bassesses de l'intrigue la plus rampante. Enfin il tenta, comme un dernier moyen, d'amener le monarque prisonnier au milieu de ceux qui l'avoient enchaîné. Le 4 février 1790, le captif détrôné exposa aux *conquérans* la nécessité de lui rendre une portion de pouvoir, pour arrêter les désordres. On ne peut mieux peindre cette séance, et les suites du discours que le ministre avoit mis dans la bouche de son maître, que par ces deux vers de Racine :

« Un esclave est venu :
« Il a montré son ordre, et n'a rien obtenu.

L'Assemblée prodigua, à l'humiliation du monarque, des éloges qui étoient des outrages ; mais elle ne souffrit pas même qu'on délibérât sur sa demande ; et cette démarche, qui étoit honteuse, et qui ne pouvoit qu'être inutile, consomma l'avilissement du Roi et celui de M. *Necker*.

Celui-ci lutta encore pendant six mois contre le mépris des usurpateurs : ils le laissèrent partir sans lui faire même l'honneur de le craindre. L'*Assemblée* prétendue *constituante* passa deux ans bien moins occupée de la constitution, qu'elle n'étoit pas pressée de faire, que de l'administration, dont elle eût bien voulu régir tous les détails. Mais avec les droits de l'homme à la main, les *jacobins* entraînoient toujours le peuple en avant; et les *constitutionnels* ne pouvant plus reprendre le pouvoir qu'ils avoient mis entre les mains de ce peuple, ni faire exécuter leurs décrets, dès qu'ils étoient contraires aux vues de vingt-cinq millions de souverains armés, prirent le parti de s'abandonner à l'impulsion qu'ils recevoient d'eux.

Alors les *jacobins* eurent réellement le pouvoir exécutif; le parti républicain commença à se montrer sans contrainte, et à faire connoître ses vues ultérieures : plusieurs *jacobins* quitterent leur club pour passer dans l'autre parti : la guerre fut déclarée entre eux, et la première attaque eut lieu au mois d'avril 1791, lorsque le Roi voulut aller à St.-Cloud.

Le premier officier municipal de Paris, le commandant-général de la garde nationale, donnerent au peuple pendant deux heures le spectacle de sa force et de leur foiblesse; la scène se passoit sur les débris du trône; et ceux qui l'avoient abattu, virent bien alors que l'autorité qui le remplaçoit n'étoit pas la leur.

La Fayette, qui ne savoit couvrir sa nullité que par l'infamie, crut que l'arrestation du Roi à Varennes étoit un moment favorable pour regagner la faveur populaire. Il accabla son maître d'insultes, d'outrages, de duretés, et devint un geolier plus cruel, sans cesser d'être un chef moins méprisé.

Les *constitutionnels* reconnurent avec lui qu'il étoit temps de quitter un théâtre, sur lequel ils ne jouoient plus le premier rôle. D'après le serment du jeu de paulme, il falloit acheter ce congé par une constitution, quelle qu'elle fût. D'ailleurs on craignoit la cour de Vienne : on négocia, et le fruit de cette incroyable négociation fut de faire en quinze jours une constitution, qui ne dura pas un an.

Pendant ce temps, les Assemblées primaires nommoient la seconde législature : il arriva ce qui étoit aisé à prévoir, ce que j'avois annoncé dans *l'Etat actuel de la France* (1) ; le second choix fut pire que le premier. Cette seconde Assemblée se partagea aussi en deux partis ; mais aucun ne fut celui de la *droiture*. Les *républicains* se déclarerent ouvertement contre la seule autorité existante, celle de la constitution : il leur étoit aisé de l'abattre, parce qu'ils disposoient de la force armée, qui en avoit établi la base. Pendant qu'avec le secours de l'argent et de la terreur que répandoient les clubs, ils se rendoient maîtres absolus dans l'intérieur, les *constitutionnels* négocioient au-dehors, pour diriger contre les *jacobins* seuls les forces que les puissances rassembloient ; peu importe de savoir le succès momentané qu'ils crurent obtenir, et que sembla accréditer une correspondance publiée officiellement. Les *jacobins* n'opposerent à ces négociations que le mépris et l'audace ; ils braverent les ennemis qu'on leur suscitoit, et provoquerent ceux qui devoient les attaquer. Cette témérité devint un trait de grandeur aux yeux du peuple : on lui dit qu'on l'avoit rendu *Romain* ; et il crut l'être : on lui dit que les Romains avoient la royauté en horreur ; et le 20 juin 1792, il épuisa sur le Roi et sur la famille royale tout ce que son infame et barbare imagination put concevoir de plus vil et de plus affreux.

Péthion, un des plus profonds scélérats de la révolution, agitoit secrètement ce peuple, puis venoit lui parler au nom de la *constitution* ; en la mettant toujours vis-à-vis de l'autorité royale, qu'elle disoit avoir conservée, mais qu'elle ne pouvoit pas défendre, il donnoit à la populace les moyens de saisir le plus grand vice que cette constitution devoit avoir à ses yeux ; celui d'employer 25 millions annuels pour l'entretien d'un simulacre de Roi, que chaque jour on insultoit impunément.

(1) *Chap.* 13, faut-il attendre une seconde législature ?

Cependant de nombreuses armées s'avançoient contre la France : aucun des deux partis ne pouvoit s'opposer à leur marche, tant qu'ils seroient mutuellement occupés à se détruire : il falloit qu'un des deux l'emportât définitivement sur l'autre ; et c'est à cette derniere époque que les *Constitutionnels* donnerent à toute l'Europe la derniere et terrible preuve d'une grande vérité ; c'est que lorsqu'on veut faire une révolution avec le peuple, il est difficile de savoir jusqu'où elle ira ; c'est que ceux qui la commencent ne sont jamais ceux qui la finissent ; ils entraînent dans le premier moment ; mais ils sont bientôt entraînés ou écrasés eux-mêmes.

Tel devoit être, tel fut le sort des *constitutionnels* ; ils entraînerent dans leur chute la monarchie qu'ils avoient bouleversée, la couronne qu'ils avoient avilie, et le souverain qu'ils avoient dépouillé et emprisonné.

QUATRIEME ET DERNIERE ÉPOQUE.

Etat de la Nation depuis le 10 août 1792.

Je n'écris point l'histoire de la révolution ; ainsi, quoique l'époque que je vais parcourir soit la plus fertile en crimes de tout genre, on ne doit pas s'attendre à en trouver ici le détail. Ce ne sont point ces innombrables cadavres que je veux soulever ; c'est le cadavre de la nation entière, c'est le squelette du peuple François que je veux montrer pour inspirer le dégoût et l'effroi. Il faut faire voir l'état auquel les *constitutionnels* l'ont réduit, en travaillant pendant trois ans à le décharner, à lui ôter tout ce qui faisoit son embonpoint, ses liens, ses affections, ses habitudes, ses heureux préjugés, tout ce qui rendoit sa santé florissante, et ce dont la perte l'a amené au dernier dégré de corruption.

Ce qui venoit de se passer à Paris annonçoit aux *constitutionnels* que le peuple leur étoit échappé sans retour ; que cette garde nationale, créée par l'insurrection, ne démentiroit jamais son origine ; qu'établie contre le trône, qu'elle avoit détruit, elle ne le défendroit jamais contre la révolte à qui elle devoit son existence. Ce souverain dépouillé qu'ils avoient accablé de tant d'outrages, ce monarque prisonnier qu'ils avoient tant avili, ils ne pouvoient plus s'en servir vis-à-vis des peuples, dont ils avoient tant de fois provoqué contre lui, et l'insulte et l'audace ; mais ils crurent pouvoir encore s'en servir avec avantage vis-à-vis des puissances qui venoient à son secours, ils craignoient ces puissances, autant qu'ils redoutoient les *jacobins* ; ils craignoient que le Roi, délivré par elles, ne reprît toute l'autorité qui lui appartenoit, et n'opposât une juste protestation contre tout ce qu'il avoit accepté, comme il l'avoit fait au mois de juin 1791 , et comme il étoit de son devoir de le faire encore. Pressés par cette double nécessité, ceux qui avoient si cruellement enchaîné le Roi, qui l'avoient été chercher à Varennes, qui l'avoient ramené en triomphe avec le cortege le plus insolent, voulurent, non pas pour son intérêt, mais pour le leur, le tirer de son cachot et le changer de prison. Les *Royalistes* les inquiétoient. Il s'agissoit d'empêcher qu'en sortant de son infame capitale, il ne pût profiter des ressources que lui présentoit la fidélité d'une noblesse qui lui étoit dévouée.

Pendant qu'à cet effet ils rassembloient leurs foibles moyens, ils recoururent encore à la négociation auprès des puissances armées. La marche, les agens, les succès de cette négociation seront un jour connus et jugés. Aujourd'hui les effets qui s'ensuivirent doivent seuls nous occuper.

Pour attendre les événemens que les *constitutionnels* disoient être immanquables, l'entrée des troupes étrangeres en France fut retardée ; et pendant ce tems les deux partis se fortifioient à Paris par tout ce que peuvent employer deux factions rivales, qui depuis long-temps approfondissoient les secrets de la rebellion : les *constitutionnels* avoient fait dans le crime des éleves qui étoient devenus leurs maîtres. Dans les coupables projets de leur ambition, ils se dissimulerent leur foiblesse et les forces de leurs ennemis. Ceux-ci avoient tout prévu : ils avoient senti que le 10 août seroit pour eux un jour décisif ; et rien n'avoit été oublié pour assurer la réussite de leur complot. Ils ne rencontrerent d'obstacles que dans le courage héroïque des *Suisses*. Cet obstacle fut bientôt levé par la perfidie de la *garde nationale*, qui tira sur les seuls et vrais défenseurs du Roi. La fidélité Helvétique devint la victime de la trahison des *Parisiens*, et des absurdes et criminels projets des *constitutionnels*. Alors tout plia devant les vainqueurs : ce qui prouve que leurs ennemis avoient mal combiné leurs plans.

Les *Jacobins* userent de leur victoire conformément aux principes reçus, *dans le sens de la révolution*. Ils monterent le peuple à la *hauteur des éve-
nemens ;* ils l'enivrerent de sang, parce que c'étoit
ainsi que depuis trois ans on l'enivroit de gloire ; d'ailleurs, il falloit creuser entre lui et le repentir un dernier
nier fossé qu'il ne pût jamais regarder avec l'espoir de
pouvoir le franchir. Les *constitutionnels* virent dres-
ser pour eux les *guillotines* qu'ils avoient imaginées,
fabriquées, élevées pour les royalistes : leur sang im-
pur coula sans honneur : il n'excita ni regret ni pitié ;
et le baptême de l'échafaud ne put pas même laver
leurs crimes (1). Ceux qui échapperent à la mort furent proscrits, obligés de s'expatrier ; ils devinrent
aussi *émigrés*, eux qui avoient sévi avec tant de rage
contre les premieres émigrations. Il se forma une seconde classe d'*émigrés ;* et ce nom n'emporta plus
avec lui, comme auparavant, l'idée exclusive d'un
dévouement, d'un honneur, d'une fidélité, d'un désintéressement sans bornes.

Maîtres absolus de tout le royaume, les *Jacobins*
y promenerent sans obstacles le niveau destructeur
qu'ils avoient arraché des mains des *constitutionnels* :
l'égalité, conséquence nécessaire de la déclaration
des droits de l'homme, fut établie *de droit*, avec d'autant plus de facilité, qu'elle l'étoit *de fait* depuis long-
temps : la royauté disparut, parce que ce n'étoit plus
qu'une ombre sans réalité ; et le peuple légalisa (si
ce n'est pas profaner ce mot que de l'appliquer à
l'iniquité) tout ce que les *constitutionnels* lui avoient
fait faire depuis 1789.

Alors il se fit entre les séducteurs qui trompoient
le

---

(1) Je ne crois pas qu'on me soupçonne de vouloir confondre
dans ce nombre M. de la *Porte*, magistrat integre, sujet fidele, qui
joignoit aux plus grandes lumieres la probité la plus intacte ; et le
noble *du Rozoy*, qui le premier ramassa l'oriflamme de la royauté,
le montra sans cesse au peuple, et ne le quitta qu'à l'instant glo-
rieux qui assura à jamais sa gloire et son bonheur.

le peuple un changement, dont il faut bien saisir la cause et l'effet. Lorsqu'en rompant les liens d'une société nombreuse, on rappelle à l'état de nature les individus qui la composent, *l'invincible nature* reprend son premier empire : elle les rappelle à l'état de guerre, au droit du plus fort; et comme ce droit est celui du plus grand nombre, il a pour lui ce qu'il faut alors nommer *la raison* : on ne peut plus faire parler les loix, quelles qu'elles soient, contre un peuple à qui on a dit que lui seul pouvoit les faire et les détruire : on ne peut plus faire pardonner l'inégalité des fortunes par la majorité de la populace, qui, ne voyant plus que cette inégalité sur la surface qu'elle a nivelée, est par cela même plus empressée de l'anéantir.

Tel est l'ordre naturel et invariable des choses : tel est le terme que la destruction même de la société met aux coupables succès de ceux qui en ont attaqué les principes ; ils n'ont abattu que pour s'élever : quand le peuple ne voit plus qu'eux au-dessus de lui, il finit par les attaquer, avec d'autant plus de confiance, que leur élévation est son ouvrage, et choque doublement son orgueil. Il n'est donc pour ceux qui se sont déclarés ses chefs, qu'un moyen de se faire pardonner leur supériorité ; c'est en paroissant le guider, de le précéder toujours dans la premiere pente qu'ils lui ont indiquée, mais dont ils ne peuvent plus le détourner : ainsi, d'après les loix de la physique, lorsqu'un corps puissant par sa masse et par son volume est sur le penchant d'un plan incliné, une force médiocre peut lui donner la premiere impulsion et déterminer sa course ; mais dès qu'une fois sa course est commencée,

Vires acquirit eundo ;

et plus il parcourt de terrain, plus la force qui lui a imprimé le mouvement est insuffisante pour l'arrêter.

Cette nécessité absolue, cette loi irréfragable de la nature, devoit amener la division des *jacobins*, dès

D

que la crainte d'un ennemi commun ne réuniroit
plus leurs forces, comme elle avoit divisé les premiers
rebelles, dès que l'autorité royale fut anéantie : on
vit donc naître deux partis parmi les vainqueurs ; les
républicains prirent la place des *constitutionnels*, et
eurent les *anarchistes* pour adversaires. Les premiers avoient précipité le peuple où ils vouloient, et
cherchoient à le contenir, pour jouir sans trouble
de la fortune qu'ils avoient acquise : les autres, sen-
tant que le peuple ne pourroit s'arrêter, trouvoient
plus de profit à le laisser aller, en ayant l'air de le
conduire. Les uns devoient avoir pour eux les classes opulentes ou aisées de ce qu'ils appeloient encore une société ; les autres devoient compter sur le
secours réel de toutes les classes indigentes, et comme
celles-ci sont toujours plus nombreuses, comme cette
contestation ne pouvoit se décider que par la force,
le calcul des *anarchistes* étoit beaucoup plus exact que
celui des *républicains*, et dut l'emporter, au moins
pour un temps.

Le Roi fut déposé, la *république* fut établie, et
bientôt la division éclata dans la Convention nationale.
Il s'agissoit de s'assurer exclusivement le seul pouvoir
exécutif existant, c'est-à-dire, la faveur ou plutôt la
fureur du peuple : chacun des deux partis réclama
l'honneur de l'avoir conduit dans les événemens qui
venoient de se passer. Satisfait de l'insurrection du
10 août, dont le succès avoit rempli ses vues, *Péthion*
prétendoit avoir seul médité, mûri et exécuté ce
projet, et rejettoit sur *Marat* les massacres des 2 et
3 septembre, qui avoient été des crimes inutiles pour
lui : sans se départir du mérite d'avoir armé les scélérats, connus sous le nom de *Septembriseurs*, *Marat*
prétendoit aussi à celui d'avoir porté le dernier coup
à la royauté dans la journée du 10. Cet horrible procès
fut agité au milieu d'une Assemblée, qui devoit donner des loix à une nation jadis civilisée. Peu importe
quelle en fut l'issue ; peu importe de savoir qui, dans
cette lutte effroyable, obtint le prix infamant, ré-

servé au plus grand nombre d'assassinats. Mais ce qu'il est important de remarquer, ce qui est pénible à penser, c'est que ce procès ne scandalisa personne; c'est que cette discussion fut traitée, écoutée et suivie comme l'eût été celle de deux hommes, qui se seroient disputé la gloire de publier les bontés de leur bien-faiteur. Ce sont là de ces traits qui caractérisent sans retour tout un peuple; et tandis que le vulgaire de la postérité supputera le nombre et la date de tous les forfaits, l'œil infaillible de l'observateur se portera tout-à-coup sur des traits de ce genre, où l'immo-ralité nationale paroît dans le jour le plus vrai, et par conséquent le plus effrayant.

Leur division très-prononcée se fût dès lors ma-nifestée par des effets, si l'exécution d'un crime commun n'eût retardé leur rupture. Le parti d'*Orléans* vouloit un dernier forfait, pour reprendre des forces que diminuoit chaque jour la lâche incapacité de son chef. Ce forfait avoit été souvent promis au peuple, comme le signe de sa liberté, comme le commence-ment de son bonheur, comme la preuve de sa sou-veraineté. Ce forfait eût été en tout temps au moins inutile pour la révolution; il le devenoit encore da-vantage, depuis que la retraite du 26 septembre met-toit toutes les puissances dans la nécessité de recom-mencer à grands frais ce qu'elles pouvoient finir en peu de jours, ou d'abandonner une grande partie de l'Europe à la barbarie qui la menaçoit. Mais ce peuple, ivre de sang, ne trouvoit plus dans celui qui couloit journellement la saveur accoutumée; il lui en falloit un nouveau pour lui; et la tête royale, qu'il n'avoit affublée d'un bonnet rouge le 20 juin 1792, que parce que les *constitutionnels* l'avoient souillée le 17 juillet 1789 de la cocarde nationale, lui parut digne de couronner la colonne monstrueuse, qu'il avoit cons-truite avec tant d'ossemens, et cimentée avec tant de sang : le 21 janvier devint un jour qu'on ne pourra plus rappeller sans larmes et sans horreur; Paris se fit *Ravaillac*, et le Ciel compta un martyr de plus.

La suite de cet attentat fut une proscription plus cruelle que jamais : l'établissement d'un tribunal révolutionnaire, la permanence des *guillotines*, enfin tout l'appareil du despotisme, qui ne s'est élevé que par la terreur, et ne peut régner que par elle. Mais c'étoit en vain que l'Assemblée cherchoit hors d'elle-même ses plus grands ennemis : ils étoient au-dedans de son sein ; ou plutôt ils étoient, comme je le disois tout-à-l'heure, dans l'ordre irrésistible de la nature des choses. Les *anarchistes* la suivoient exactement : c'est ce qui fit leur succès contre les *republicains*, qui vouloient la contrarier : ce succès durera jusqu'à ce qu'il se forme entre eux deux partis, ce qui ne peut manquer d'arriver avant peu ; ce qui s'annonce déjà ; et le parti le plus violent l'emportera encore, à moins que des circonstances particulieres ou que les succès des forces étrangeres ne modifient, ne changent ou ne contiennent la masse du peuple.

Ainsi a été fixé le dernier état de ce peuple furieux. Quels moyens ont donc employés les *anarchistes*? Les mêmes que les *republicains*. Quels moyens avoient employés les *republicains*? Les mêmes que les *constitutionnels*. Comme eux, ils n'ont eu pour principes que la force et la séduction, le parti le plus heureux a été celui qui les a employées avec le plus d'adresse : comme eux, ils avoient à leur solde des assassins au-dehors, et des tribunes au-dedans : comme eux, ils faisoient faire à Paris les *adresses* d'adhésion et de félicitation, qu'ils supposoient venir des provinces : comme eux, ils avoient des séances, où la perversité se montrant à découvert, poursuivoit ceux qui paroissoient hésiter sur le crime. Comme eux, ils nommoient, accusoient, destituoient leurs ministres, leurs généraux, leurs comités, et adoptoient à la hâte une constitution, dont plusieurs d'entre eux présageoient et préparoient d'avance le renversement : comme eux, ils avoient établi une inquisition ; et le tribunal révolutionnaire fut établi d'après le comité des recherches : comme eux, ils faisoient tomber

l'innocent sous le glaive d'une loi tyrannique ; et toutes
les exécutions furent faites d'après l'assassinat de
Favras : comme eux enfin, ils avoient des orgies
sauvages qu'ils appelloient *fêtes nationales* : et l'apo-
théose de *le Pelletier* le régicide, immolé avant sa
victime, fut faite d'après celle de *Mirabeau*, mort au
moment où il désertoit le club des Jacobins. La fête
des galériens de *Chateau-Vieux* fut faite d'après celle
des *vainqueurs de la Bastille* ; celle du 10 août d'après
celle du 14 juillet. L'incendie part toujours du même
foyer, et s'étend à mesure que le terrain se nettoye
devant lui.

Aussi la dissention qui regne aujourd'hui dans tous
les départemens de cette république peut bien hâter
sa perte, parce qu'elle divise ses forces ; mais quant
à présent elle n'indique que l'excessive corruption
de ses membres. Ce n'est pas leur cœur qui est changé,
mais leur position : ce n'est pas le commencement
du repentir qui les souleve contre la *Convention nationale* ; c'est la continuation de leur intérêt : ils ont
bien voulu tous les crimes qui augmentoient leur pouvoir et leur profit ; mais ils ne veulent pas ceux dont
ils seroient victimes ; ils ne veulent point de l'anarchie qui menace leurs propriétés, mais ils veulent
bien d'une république *une*, *indivisible*, fondée sur
la révolte et le régicide. Je combattrai bientôt l'excès
de leur aveuglement ; mais en ce moment je ne veux
que dévoiler leur perversité.

La voilà donc, cette nation naguères si aimable au
milieu de ses richesses, si douce au milieu de sa puissance ! elle a armé contr'elle toutes les forces de l'Europe, parce qu'elle a voulu porter chez tous les peuples la frénésie que les *constitutionnels* lui ont inspirée : elle a voulu associer également tous ses individus à sa souveraineté, parce que les *constitutionnels* avoient dit que tous les hommes naissent et demeurent égaux ; mais le bas peuple, qui avoit été
l'instrument de la révolution, ne veut pas souffrir plus
long-temps que d'autres s'en attribuent le profit. C'est

ce qui produit la multitude, le choc, la diversité des mouvemens et des intérêts qui l'agitent. Pour dire quel fut et quel est ce peuple, il suffira de dire quels furent et quels sont ceux dont il fait ses divinités. *Barnave* a succédé à *Mirabeau*, *Péthion* à *Barnave*, *Marat* à *Péthion*. Voilà les déités *nationales*, ou plutôt les dieux infernaux qu'il place aujourd'hui dans le *Panthéon*, et qu'il en arrachera demain (1). Hier, il s'armoit pour eux; demain, il se battra contre. Conçoit-on quel est le délire de tout un peuple, qui renonce à ses moissons, à ses travaux, à ses parens, à sa fortune, à toutes ses affections morales, à tous ses sentimens religieux? Pour qui? (ne le lui demandez point, il ne le sait pas lui-même) pour un prétendu corps législatif, dont tour-à-tour il divinise ou massacre les membres : on diroit que le lieu où se tiennent les séances est la demeure d'un génie invisible et malfaisant, qui le gouverne à son gré; n'importe par qui ce lieu soit habité ; ce peuple adopte tout, adore tout, pourvu que ce soit des crimes; il obéit à tout, excepté au devoir et à la vertu; il n'y a point d'usurpateur dont il ne cherche, dont il ne porte les chaînes; il n'y a que son Roi dont il refuse les bienfaits.

L'état présent de la France est donc celui d'une troupe de forcenés qui veulent les uns conserver par les armes ce qu'ils ont pris par les armes, les autres conquérir enfin pour eux ce que jusqu'à présent ils n'ont conquis que contr'eux. C'est à ce point que les *constitutionnels* les ont conduits; ou plutôt c'est dans cet abyme qu'ils les ont précipités.

Peuvent-ils encore se flatter de les faire revenir sur leurs pas? Peuvent-ils encore choisir parmi les loix qu'ils ont détruites celles qu'ils voudroient rétablir, et parmi les lois qu'ils ont créées celles qu'ils

---

(1) L'événement a été bien prédit ; aucun de ces monstres n'est plus: ce peuple les a vus, l'un assassiner, les autres guillotiner, sans exprimer un regret; et Mirabeau est expulsé du Panthéon. (*L'Editeur*)

voudroient abolir ou conserver? Cette prétention de
leur part n'est-elle pas le comble de l'audace et de
l'impudence? Et lorsqu'ils voient que tout le mal
qu'ils ont fait ne peut subsister, vouloir encore s'en
prévaloir pour en maintenir une partie, n'est-ce pas
profaner jusqu'au repentir, et publier qu'ils renon-
cent même à cette derniere ressource, que la bonté
céleste ménage aux grands criminels?

Il étoit nécessaire de rappeller et de classer tous
ces faits, pour bien connoître l'état de la France
avant et depuis la révolution. Cette révolution est au
moment de finir : une coalition unique dans l'histoire arme tous les Rois et tous les peuples contre un
peuple régicide : lui-même se divise et se perd dans
l'immensité de ses déréglemens et de sa folie ; au
lieu de se rallier avec honneur sous le drapeau blanc
que les royalistes font flotter avec succès près de la
Vendée, il s'obstine à vouloir une anarchie sans
troubles et une licence sans désordres : ses moulins
et ses presses ne suffisent plus à la fabrication de sa
nouvelle monnoie ; elle n'a plus d'autres bornes que
les besoins sans cesse renaissans, de l'insatiabilité du
crime. Tous les souverains sont intéressés à détruire
des *usurpateurs*, qui peuvent sans s'appauvrir lutter
éternellement contre leurs trésors et consommer la
substance de leurs sujets. Mais ce n'est pas tout d'arracher les fruits de cet arbre planté par les *constitutionnels*, et par eux arrosé de sang ; il faut l'a-
battre ; il faut couper jusqu'à la derniere racine ; et
bien loin de se servir de la moindre de ses branches
pour l'enter sur un tronc ancien et vénéré, il faut
fouiller tout autour avec l'attention la plus scrupu-
leuse, et ne pas lui laisser la possibilité d'un rejeton.

En paroissant ne défendre ici que la cause de la
monarchie Françoise, je plaide celle de toutes les
sociétés, de toutes les générations à venir. S'il reste
le moindre germe de cette race exécrée, le plus léger
souffle de la discorde ou même du mécontentement,
ira le porter sur la plage infortunée, où mille cir-

constances imprévues le développeront pour le malheur du genre humain. Après avoir reçu de toutes
les puissances Européennes le bienfait inappréciable
de la destruction d'une secte impie, nous manque-
rions à la dette sacrée de la reconnoissance en gardant volontairement au milieu de nous un venin
caché, qui pourroit les infecter un jour.

Avant donc de passer à l'examen des questions
dont la solution établira cette vérité, je crois devoir
placer ici quelques idées simples, mais justes, immuables, qui sont de tous les temps, de tous les
âges, de tous les lieux ; je crois devoir rappeller des
principes, qui sont ceux de tous les Etats, qui appartiennent à tous les hommes, que la nouvelle
philosophie a voulu sans cesse affoiblir ou changer,
pour les accorder avec ses desseins, mais qui, réta-
blis dans toute leur pureté, s'élevent contre tous les
faux systêmes, et deviennent des témoins sûrs pour
le présent et des guides fideles pour l'avenir.

SECONDE PARTIE.

IL est des principes qu'on ne peut jamais examiner sans danger, parce que cet examen les soumet à la critique de l'esprit faux qui les entend ou les applique mal, de l'orgueil qui les rejette et de l'intérêt qui les change; mais lorsqu'ils ont été pendant long-temps attaqués ou faussement présentés, lorsqu'ils ont servi à répandre une erreur contagieuse, on ne peut tenter de la combattre sans les rétablir préalablement dans toute leur force; on ne peut montrer l'abus qu'on en a fait dans la pratique, sans en reprendre la théorie. Dans des temps ordinaires, ces questions sont oiseuses, inutiles, et plus propres à égarer qu'à guider le commun des hommes, qui se conduit moins par le raisonnement que par l'expérience et l'habitude : mais à la fin d'une longue révolution, que l'on a voulu rendre universelle, ce seroit un danger plus grand d'abandonner à la foiblesse ou à l'erreur quelques ames honnêtes, qui tiennent encore par conviction à d'abstraites impostures. Quelquefois même dans le parti le plus loyal, dans celui qui a toujours été l'objet de la haine et de la persécution des factieux, il se trouve des hommes, faits d'ailleurs pour être chéris et estimés, qui, peu accoutumés à examiner des propositions métaphysiques, se sont plus ou moins mépris sur l'étendue ou l'application des principes avec lesquels ils n'étoient pas familiarisés; et comme cet ouvrage est fait pour tous ceux qui ne fuient pas la lumière, la vérité ne doit pas avoir pour eux de réticences.

Cette discussion est nécessairement aride : elle ne provoque point, elle soutient peu l'attention, que je dois cependant demander pour être entendu : si je ne puis intéresser en instruisant, je voudrois au moins être clair, en tâchant d'être concis.

Le grand art de la philosophie nouvelle a été de

E

confondre les mots pour confondre les idées : elle évitoit sur-tout les définitions , parce qu'elles ramenent les questions à un point de simplicité que chacun peut saisir.

Il existe sans doute un *droit naturel* , d'autant plus respectable qu'il n'est point sujet aux obscures interprétations des commentateurs , que le sentiment le dispense d'être écrit, qu'il est au fond de nos cœurs, et qu'il se développe indépendamment de nos facultés intellectuelles. Ce *droit*, ainsi nommé par un *abus* de mot, est le premier instinct qui produit l'amour filial et paternel ; c'est la voix intime qui nous dit de *ne pas faire aux autres ce que nous ne voudrions pas qu'on nous fît* ; c'est la chaîne des rapports *naturels* de l'homme *en société*. Si c'est là ce qu'on entend par *droit naturel* , je conviens sans peine qu'il en existe un ; je m'applaudis de le sentir, et je plains l'être froid qui le nie, parce qu'il ne l'éprouve jamais.

Mais si par *droit naturel* on entend , comme le disent et le voudroient les philosophes, les droits de l'homme dans l'*état de nature*, je dis que dans ce sens il n'y a point de *droit naturel*.

L'homme dans l'état de nature n'a point de droits , il n'a que des facultés.

Le mot *facultés* emporte l'idée absolue de l'usage que chaque individu peut faire de ses forces : le mot *droits* emporte nécessairement une idée relative ; un être isolé peut avoir des *facultés*, mais il n'a point de *droits* : l'idée de *droits* ne peut se concevoir sans des obligations, des rapports , des devoirs , toutes choses qui n'existent pas dans l'*état de nature*. L'idée de *facultés* n'a pas besoin de tout cela pour être connue, parce qu'elle ne suppose d'autre rapport que celui de ma force à la chose sur laquelle j'en veux faire usage. Je passe seul dans un désert ; j'y trouve un fruit ; j'ai la *faculté* de le prendre : plusieurs hommes arrivent ; tous ont la même *faculté* que moi ; aucun n'en a le *droit*.

Veut-on dire que nous en aurons chacun le *droit* ? ce sera le *droit de tous à tout* : or, le *droit de tous à tout* n'est point un *droit* ; car rien n'en peut régler l'exercice que le plus ou moins de forces que chacun peut employer à cet effet : ce prétendu *droit* sera donc le *droit du plus fort*.

C'est donc au *droit du plus fort*, c'est-à-dire, à un état de guerre qu'on ramène les hommes, quand on leur parle de leurs droits dans l'*état de nature* ; et alors même on leur dit une absurdité en leur disant que leurs *droits* sont *égaux* : car ces *droits*, n'étant autre chose que leurs *facultés*, doivent suivre l'inégalité que la nature a mise dans la distribution des forces individuelles.

Les seules lumieres du bon sens suffisent donc pour prouver qu'on ne peut prendre l'homme dans l'*état de nature*, pour régler ses *droits* dans l'*état de société*.

L'homme dans l'*état de nature* n'avoit que des *facultés* : leur exercice n'avoit d'autres limites que ses forces ; c'est à cet exercice qu'il renonce, quand il entre dans la société. Celle-ci établit entre lui et ses semblables des *relations* ; et de ces relations naissent les *devoirs* qu'elle lui impose, et les *droits* qu'elle lui donne. Ces *droits* ne sont pas plus faits que ces *devoirs* pour confirmer les *facultés* de la nature ; au contraire, ils les remplacent. Ainsi ma volonté particuliere étoit certainement bien une *faculté naturelle* ; j'y renonce en entrant en société, pour me conformer à la loi, qui est la volonté générale. Je tenois de la nature la faculté de me faire justice moi-même ; j'y renonce en acquérant le droit de recourir à la justice sociale.

Vouloir nier cette vérité, c'est vouloir jouir à la fois des *droits* de l'homme civilisé, et des *facultés* de l'homme qui ne l'est pas ; c'est réclamer au nom de la société civile des *droits* qui non-seulement ne supposent pas son existence, mais qui même la détruisent, du moment qu'on les exerce.

La société civile s'est établie pour l'avantage des hommes, dont la conservation n'étoit plus assurée dans l'inégalité de l'*état de nature* ; c'est une institution de bienfaisance, dirigée sur certaines regles, tous ont donc droit de vivre suivant ces regles : ce droit leur appartient donc contre les plus forts et les plus foibles. Quelque chose qu'un homme puisse entreprendre pour son bien-être, sans nuire au bien-être d'un autre, il a droit de le faire; il a de plus en commun avec toute la société un droit certain de prendre sa part des avantages qu'elle procure.

Du reste, dans l'*état de société* les hommes ne naissent pas plus égaux que dans l'*état de nature*. Dans celui-ci leurs facultés sont inégales; dans l'autre leurs rapports sont différens; ils redeviennent *égaux* par la loi; c'est-à-dire, qu'elle donne à tous un droit égal à sa protection: mais cette protection même n'est autre chose que le maintien des inégalités que la société établit.

Dans le même sens les hommes *demeurent égaux* aux yeux de la loi: jamais on ne l'a nié: mais leurs *droits* ne sont *égaux* ni au moral ni au physique. Ces droits sont bien ceux de tous; mais ils ne sont pas *égaux* pour tous: ils sont en communauté, mais non en égalité. La force ou la foiblesse des organes, la maladie ou la santé, l'instruction ou l'ignorance, le courage ou la timidité, l'abondance ou la pénurie des idées, la faculté ou la difficulté de l'expression, la richesse ou la pauvreté, tout en un mot met dans le monde moral autant d'inégalité que dans le monde physique; et c'est delà qu'est venu le besoin de la loi; c'est sur les inégalités qu'elle a établi la liberté: lorsqu'on a voulu les détruire, au moins en partie par une égale proportion de biens, il a fallu détruire la liberté même.

Prenons pour exemple *Sparte* et *Rome*.

Sparte avoit établi la distribution égale des terres; mais,

1°. Cela ne peut se faire que dans une petite république, ou dans une colonie naissante.

2°. Ce niveau est à-peu-près inutile à établir; car chaque jour il tend à se déranger.

3°. En distribuant également des terres à des citoyens *égaux*, *Sparte* établit des esclaves: le rêve de la liberté réalisa l'esclavage; et cela devoit être. Une société de souverains et de guerriers, ne pouvoit

cultiver elle-même : il fallut y appeler des hommes
qui fussent subordonnés : on voulut outrer la nature,
et on la viola : les extrêmes se touchent toujours, c'est
au milieu d'eux qu'on trouve le vrai.

Rome fut dans le même cas : ses citoyens étoient
guerriers au champ de Mars, et souverains dans le
forum : mais un Etat si petit qu'il soit, à plus forte
raison lorsqu'il s'agrandit, a besoin de cultivateurs
et d'artisans : *Rome* peupla ses campagnes d'esclaves
et ses boutiques d'affranchis.

Le citoyen *Romain* étoit libre, mais l'espèce humaine ne l'étoit pas.

On en peut dire autant d'*Athènes*, et de presque
toutes les républiques de l'antiquité.

Voilà cependant ce prétendu colosse de l'égalité,
devant lequel doivent disparoître toutes les distinctions. Regardez la base, elle pose sur la servitude.

Il est donc certain que la nature crée les inégalités,
que l'état de société les adopte et les maintient, parce
qu'il ne peut pas subsister sans elles. Ces inégalités
s'étendent à mesure que le nombre de la société s'ac-
croit, que sa puissance augmente, que ses relations
se multiplient.

Ceux qui se trouvent rangés autour de ces différentes inégalités, formeront donc nécessairement différentes *classes*. On leur donnera le nom *d'ordres* ou
de *castes*; n'importe : elles seront remplies par le
choix ou par le hasard de la naissance : elles se com-
bineront d'après les plus grandes propriétés, d'après
les plus grands services rendus au corps social, d'a-
près la nécessité d'un culte religieux. Delà on verra
naître des riches et des commerçans, qui nourrissent
et entretiennent l'industrie d'un peuple laborieux ;
des nobles ou des grands, en qui l'Etat veut récompenser et perpétuer le souvenir des actions utiles,
belles et vertueuses, par un honneur héréditaire, qui
semble ne donner plus de droits que pour imposer
plus de devoirs ; un clergé, qui journellement occupé à porter aux pieds de Dieu les prieres des peuples, et à leur rapporter les consolations du Ciel,

F 3

doit nécessairement trouver dans l'Etat, dont il assure la stabilité, des établissemens qui lui assurent
son existence. Alors on aura une société sagement
distribuée et solidement constituée, dans laquelle le
bonheur et la vertu pourront exister également pour
tous les états de la vie ; c'est en cela que consiste la
véritable égalité des hommes, la seule qu'il soit possible de maintenir parmi eux. Cette société reconnoîtra que les inégalités de la nature subsisteront toujours, malgré les idées fausses ou les fictions mons-
trueuses que l'on voudroit y substituer ; que si on les
détruit sous une forme, elles se reproduisent sous
une autre ; et qu'à l'instant où on les anéantiroit
toutes, il n'y ayroit plus de corps social.

Cette société obligée de se servir des matériaux
de la nature, les disposera donc suivant les fins sociales : elle ne dira pas que vingt-cinq millions d'hommes doivent l'emporter sur deux ou trois cens mille :
parce qu'elle sentira que la question de constituer
un Etat, ne se résout pas comme un problème d'a-
rithmétique ; que si les classes élevées n'ont aucun
avantage, qui, vis-à-vis de celles qui ne le sont pas,
balance la supériorité du nombre, elles se trouvent
exposées de la part de celles-ci à des chances d'oppression proportionnelles à leur différence numé-
rique ; que la liberté commune devient donc leur esclavage, et que dès-lors elles n'ont plus aucun intérêt
à la défendre.

Cet inconvénient est un des plus grands qu'un gouvernement puisse avoir ; il est de sa nature de se renouveller perpétuellement, parce que c'est un cercle
vicieux ; et comme il faudra toujours qu'il y ait des
pauvres et des riches, les individus opprimés changeroient ; mais l'état d'oppression ne changeroit point.

Ces idées simples et incontestables sont la suite
nécessaire du motif qui a fait prendre à l'homme l'état
de société. Qui a pu le déterminer à sacrifier dans
cet état une portion de sa volonté et de sa liberté ?
Le désir de conserver sa personne et ses biens ; son
propre intérêt l'a donc amené à cet état, et doit l'en-

gager à le soutenir. La mesure de cet intérêt sera
donc celle de l'activité qu'il mettra au maintien de
l'association. Donc celui qui aura de grands biens
aura un grand intérêt à leur conservation, c'est-à-
dire, au maintien de la société qui seule peut les lui
conserver. Donc au contraire celui qui n'aura aucun
bien ou qui n'en aura que très-peu, n'aura aucun
intérêt ou n'en aura qu'un très-médiocre.

Cet argument est évident; il seroit inattaquable,
quand il n'auroit pas encore en sa faveur le témoignage de tous les siècles et la voix intérieure de tous
les hommes. Il peut blesser l'orgueil et l'amour-propre; mais il est conforme à la raison et à l'expérience; et en subissant l'épreuve de ces deux pierres
de touche des connoissances humaines, il a acquis
le dernier degré de certitude.

Je ne connois que le divin Législateur de l'Évangile
qui se soit élevé au-dessus de cette considération :
mais il préchoit à l'homme une loi surnaturelle; il
lui prescrivoit l'abnégation de soi-même; et le peuple
qui pratiqueroit toujours cette vertu, n'auroit pas
besoin d'autres loix; il seroit inutile de le rappeler à
ce qu'il n'oublieroit jamais.

Ces principes peuvent bien dans la théorie se concilier avec ce qu'on appelle la *souveraineté du peuple*:
mais dans la pratique cette conciliation est impossible. Dès qu'on admet à la souveraineté tous les individus qui forment le corps social, on les admet tous
à un exercice égal de cette royauté additionnelle :
mais le nombre des pauvres étant toujours supérieur
à celui des riches, il se trouvera toujours dans l'État
plus de souverains intéressés à le changer, que de
souverains intéressés à le conserver. Ainsi vouloir la
souveraineté du peuple, c'est vouloir un État toujours en révolution, c'est vouloir un État sans société.

Pour donner au peuple la souveraineté, les philosophes révolutionnaires se sont fondés sur la prétendue égalité des *droits*; pour donner au peuple cette
égalité, ces philosophes se sont fondés sur sa souve-

E 4

raineté ; par cet étrange abus du raisonnement, ils ont caressé les passions et l'amour-propre, et n'ont choqué que le bon sens.

La souveraineté du peuple est un de ces mots que depuis quelque temps on a répétés sans cesse, pour être dispensé de les définir. Au fait, c'est un être de contemplation, qui disparoît dès qu'on veut l'approfondir. *Rousseau*, après avoir dans le *Contrat social* rêvé une république (seul gouvernement où se trouve la souveraineté du peuple), a fini par dire qu'un gouvernement si parfait convenoit à des dieux, mais non à des hommes. D'après cette réflexion, s'il eut été conséquent, il eût brûlé son ouvrage ; ce n'est pas qu'il ne s'y trouve de grandes vérités : mais un vrai philosophe doit écrire pour les hommes ; et parmi les hommes, le plus grand nombre n'est pas celui qui distingue la vérité d'avec l'erreur.

Il faut donc malgré soi s'appesantir sur cette *souveraineté* qui a fait tant de mal ; et quand elle sera bien connue, on verra qu'elle n'est *rien*.

Deux cens hommes sortent de l'état de nature pour entrer en société : ils ne portent dans leur nouvel état que ce qu'ils avoient dans le premier. Or, dans le premier, aucun d'eux n'avoit de souveraineté ; car chacun d'eux étoit un être isolé, et la souveraineté suppose au moins la double relation d'un souverain et d'un sujet.

Chacun, pour régler les rapports que leur réunion établit entr'eux, convient de s'en référer à la *volonté générale* : à cet instant la *volonté générale devient* leur *souverain* ; et dès-lors cent-un peuvent gouverner quatre-vingt-dix-neuf. Voilà, dans l'acception la plus vraie, ce qu'est la souveraineté du peuple ; c'est la volonté du plus grand nombre de passions réunies.

Si cette souveraineté a quelquefois existé chez un peuple, c'est chez un peuple peu nombreux et dans le premier âge de sa vie civile. Dès que sa population a pris de l'accroissement, dès qu'il est sorti de son enfance, il a été obligé de transmettre ou de modifier cette souveraineté.

A présent, pour ne pas me perdre dans l'abstraction et l'aridité des principes, je viens à l'application.

Le peuple qui veut reprendre, ou, si l'on veut, reconquérir la souveraineté, l'a-t-il eue dans son origine ou ne l'a-t-il jamais eue ? S'il ne l'a jamais eue, il ne peut pas la réclamer : je ne réclame pas ce qui ne m'a jamais appartenu. S'il l'a eue, comment l'a-t-il perdue ? Il l'a donc transmise ou modifiée ? transmise, à un ou à plusieurs; modifiée, en divisant le pouvoir législatif, ou en prenant les voix par *castes* ou par *tribus*, au-lieu de les prendre par *personnes*. Cette transmission ou modification a été faite par un acte réciproque, ou est consacrée par le *principe légalisant de la prescription*. Dans aucun de ces deux cas le peuple ne peut revenir contre : car il ne le pourroit que par une révolution, et personne dans un Etat n'a droit de faire une révolution : il faudroit pour cela un accord universel, qui n'existera jamais.

Or, comme un être raisonnable doit, en parlant à des hommes, prendre les hommes tels qu'ils sont, on doit donc dire que, dans le droit, la souveraineté n'appartient pas au peuple ; que, dans le fait, si elle lui appartenoit, elle n'existeroit plus, parce qu'elle appartiendroit à tous. A l'exception de trois ou quatre républiques, composées de deux ou trois mille individus, et perdues dans les montagnes, je défie qu'on me cite un peuple, à plus forte raison un grand peuple, qui ait exercé d'une maniere paisible et durable la souveraineté avec égalité de droits. Cela n'a jamais été, cela n'est pas, cela ne sera jamais, parce que cela ne peut pas être ; je ne puis me condamner plus long-temps à prouver l'évidence.

Cette souveraineté du peuple est une de ces abstractions, un de ces principes généraux à la faveur desquels les faiseurs de systêmes établissent leurs opinions avec l'apparence de l'infaillibilité; et cet abus des abstractions est le plus grand abus du raisonnement, contre lequel il faut prévenir surtout ceux qui cherchent à s'instruire.

La fausseté de nos philosophes, bien sûre de conduire les hommes à l'erreur par l'abstraction, a voulu les attacher à l'abstraction par la vanité ; et ce calcul devoit réussir auprès de tous ceux qui, par orgueil, se dispensent de la réflexion. Elle a présenté la méthode d'abstraire comme une faculté ; tandis que c'est pour nous une nécessité ; et la plus grande preuve de la foiblesse de notre esprit, elle l'a donnée comme une preuve de son immensité. Telle a toujours été l'adresse de cette fausse philosophie ; tels sont les piéges qu'elle tend à l'amour-propre. Il est impossible à tout homme qui pense, de rencontrer ces piéges sur sa route sans les mettre au grand jour ; alors celui qui s'y prend n'est plus excusable.

Quelques notions simples et usuelles suffiront pour démontrer le danger des abstractions :

Dans la nature nous ne connoissons rien d'absolu ; tout pour nous est relatif. Aucune entité n'existe indépendamment des qualités qui lui appartiennent : aucune qualité n'existe indépendamment de l'entité qui la possede ; toute chose dans la nature ne peut donc se concevoir sans ses relations, qui font partie de son essence. Si donc je considere une chose en la séparant d'un ou de plusieurs de ses rapports, il est clair que je ne la vois pas toute entiere ; et par cela seul ma théorie n'est pas juste : ce sera bien pis quand j'arriverai à la pratique, qui portera sur des objets que je n'avois point vus : mon erreur est inévitable et sera proportionnelle au nombre de rapports que j'aurai séparés de la chose que j'examinois, et au plus ou moins d'identité que ces rapports ont avec elle ; et c'est précisément ce que fait *l'abstraction*. Cette opération de l'esprit, dont on voudroit l'enorgueillir, est une ressource de son insuffisance. Ne pouvant réunir au même instant dans ma pensée tous les modes, tous les rapports, toutes les qualités de l'idée que je veux approfondir, je la généralise ; je l'isole de tout ce qui lui appartient ; alors, je la conçois plus aisément ; mais aussi je ne la conçois pas toute entiere ; peu-à-peu je la rapproche d'un, de deux, de trois, enfin

de tous ses attributs, si je puis ; et chaque modification que je joins à mon idée, en apporte une dans la
conséquence que j'en aurois tirée d'abord.

Dieu ne juge point par abstraction, parce que son
pouvoir et ses connoissances embrassent l'immensité ;
l'homme est obligé d'y avoir recours, parce qu'il ne
peut agir ni concevoir d'une maniere universelle ;
mais de cette faculté d'abstraire, de ce premier secours du tâtonnement humain on en a voulu faire
l'apogée de nos connoissances ; parce que l'homme
étoit quelquefois obligé d'abstraire pour connoître ;
on a conclu qu'il suffisoit d'abstraire pour avoir connu ; d'après l'abstraction seule, on a voulu raisonner
et exécuter ; et on a réduit tout en principes généraux abstraits.

Un homme célebre a dit que, parmi ces principes,
les uns ne conduisent à rien, les autres ne conduisent qu'à l'erreur ; et il a dit une grande vérité. Ceux
que l'on contemplera toujours dans leur abstraction
générale ne conduiront à rien, parce qu'ils ne por-
teront sur aucune entité existante dans la nature :
ceux qu'on voudra exécuter d'après l'abstraction,
conduiront à l'erreur, parce qu'ils tomberont sur des
sujets ou des qualités qu'on n'a pas voulu combiner.

Locke, dans son Essai sur l'entendement humain,
a démontré jusqu'à l'évidence combien on pourroit
abuser des principes abstraits ; il a prouvé qu'il n'y
avoit point d'absurdité à laquelle on ne pût arriver,
en partant d'une vérité qu'on généraliseroit, et qui,
considérée sous un seul point de vue, seroit la plus
inattaquable.

Mais si cette méthode exclusive de raisonner et
d'agir est foncièrement vicieuse ; quelles en seront
les suites quand on voudra établir et appliquer d'après
elle des principes moraux et politiques ? On fera une
déclaration de *droits* qui sera en contradiction avec
elle-même : on fera des loix qui ne s'exécuteront
pas, ou qui seront toujours en contradiction avec
cette déclaration de *droits*. C'est ce que nous avons
vu. On aura donc volontairement trompé le genre-

humain, en lui montrant sans cesse l'abstraction d'une théorie que rarement il pourra entendre, et que jamais il ne pourra pratiquer. C'est ce que nous voyons.

Telle est la marche que suivra toujours tout usurpateur, qui ayant besoin de s'attacher le peuple pour s'approprier sa force, cherchera à exciter ses passions. J'appelle en ce moment usurpateur tout individu ou toute assemblée qui, sans en avoir reçu la mission, ou contre la mission expresse qui lui a été confiée, entreprend de donner et de faire exécuter des lois.

On trouvera peut-être que je reviens souvent sur les mêmes idées ; mais je suis obligé de parcourir un cercle où tous les principes sont attaqués par le même moyen ; et chaque rayon me ramène au centre.

Telle est au contraire la route dont s'écartera soigneusement tout législateur qui, pénétré de la grandeur, de la difficulté, de la sainteté de son ministere, sera fortement convaincu que les mauvaises lois sont celles qui plaisent à la multitude, et qui ont besoin de son secours pour être exécutées.

Je n'ai point subdivisé le législateur en individu et en assemblée, parce que je ne connois point d'assemblée qui ait été législatrice, et je n'en conçois point qui puisse l'être. Au contraire, je conçois très-bien, et malheureusement je connois des assemblées qui ont usurpé, comme auroit pu faire un conquérant. Il y a cependant entr'elles et lui une différence às-sensible pour les suites. L'intérêt du conquérant n'est jamais compliqué, et les moyens les plus simples sont toujours ceux qui lui conviennent le mieux. Dès que son usurpation est achevée, il a intérêt d'étouffer ou de contenir toutes les insurrections qui lui ont servi. Au contraire, l'intérêt d'une assemblée usurpatrice se complique, en raison des factions qu'elle renferme nécessairement dans son sein. Si, pour usurper, elle a introduit l'anarchie, et si une des factions veut la faire cesser pour rétablir enfin l'ordre, toutes les autres ont intérêt à la perpétuer, de peur que cette faction ne l'emporte. L'Etat, après les plus violentes secousses, eût pu réparer ses pertes sous un usurpateur qui réunit et dirige à lui seul une grande force; il ne le peut sous une assemblée qui, n'ayant aucuns moyens pour usurper, a emprunté pour abattre, et manque de fonds pour rebâtir. Ainsi, malgré les troubles d'une longue guerre civile, malgré la profonde scélératesse de *Cromwel*, l'Angleterre s'éleva sous cet usurpateur au plus haut degré de gloire et de puissance.

Ces vérités, ces différences entre un législateur et une assemblée usurpatrice, se trouvent si naturellement sur la route du but que je me suis proposé, elles tiennent si essentiellement à mon sujet, elles me fournissent des armes si terribles contre ceux que j'attaque, qu'il m'est impossible de ne pas les présenter avec quelque détail dans cette seconde partie, destinée plus spécialement au développement des principes.

Cette digression ne m'écartera point de ma route; en rapprochant les devoirs d'un législateur, en traçant la marche d'une assemblée d'usurpateurs, j'écrirai la condamnation et l'histoire des *constitutionnels*.

Tout homme sage, appellé à rectifier les lois d'un empire, reconnoîtra d'abord que ceux qui attendent de lui un si grand bienfait, sont des hommes et des citoyens. En les considérant sous ces deux rapports, il se gardera bien de les prendre tels qu'ils doivent être; il les prendra tels qu'ils sont. Il sentira que les lois étant faites pour remédier autant qu'il est possible, aux imperfections humaines, le comble de l'absurdité seroit de prendre pour base de ces lois une perfection idéale. Il étudiera d'abord la nature humaine, *cette invincible nature qui reprend toujours son empire (a)*, qu'on peut modifier, mais qu'on ne changera jamais. Il étudiera ensuite l'influence que

_____

(a) Rousseau, Contrat social.

tout ce qui constitue la vie civile et la société peut avoir sur les mœurs, et par conséquent sur les lois. Il sentira que cette seconde nature jointe à la première, a dû produire de nouvelles combinaisons. Ces nouvelles combinaisons, il les examinera soigneusement avec l'intention de les suivre, pour les faire contribuer au bonheur commun, et non avec l'impossible projet de les détruire, parce qu'il sait qu'on ne peut pas partir d'un principe différent de celui qui naît de la nature des choses et des personnes, pour faire des lois qui sont les rapports des personnes et des choses ; il se préservera du danger des abstractions et des principes généraux, qui paroissent toujours beaucoup plus simples, parce qu'ils écartent les difficultés, mais qui partent toujours d'une fausse hypothese, et conduisent à des résultats impossibles. Il ne visera pas à une simplicité, à une unité de moyens, parce que la nature n'est pas plus simple dans l'homme moral que dans l'homme physique, parce que le but et les fins de la société sont si compliqués, qu'il est impossible de la faire agir avec des ressorts simples, qui seroient insuffisans, et par conséquent dangereux.

Bien convaincu de ces vérités générales, il examinera la situation particuliere de l'Etat, mais sans prétendre à l'honneur de faire de grandes découvertes dans la moralité, dans les principes du gouvernement, et dans les idées sur la liberté. Plus sa sagacité aura l'habitude d'observer, plus il croira que la science du gouvernement, si pratique, dirigée vers tant d'objets, exige plus d'expérience qu'aucun homme n'en peut acquérir pendant sa vie. Il appellera donc à son secours celle des siecles passés ; il s'enrichira dans ce fonds commun, qui fournit, sans s'épuiser, aux besoins de tous les hommes ; il ne regardera pas l'ancienneté d'une idée, d'une habitude, même d'un préjugé, comme un signe infaillible de réprobation ; il croira qu'il est de bons préjugés, dont la conservation est utile, dont la destruction seroit pernicieuse ; que ces préjugés étant une première inspiration du sentiment qui conseille, ou qui adopte, avant que le jugement ait prononcé, doivent être un puissant agent sur la majorité du peuple, plus capable de sentir que de juger; et d'après cela, plus l'édifice qu'il doit réparer sera ancien, plus il s'en approchera avec une vénération religieuse, comme d'une enceinte sacrée où la majesté des siecles a déposé, sous la garde de l'expérience, la science pratique de la morale et de la justice; comme d'un établissement qui a vu passer les générations, et dont l'auguste et bienfaisante vieillesse avance dans l'éternité. Il sentira qu'un gouvernement qui a ces caracteres, est un bien héréditaire, substitué par les aïeux à ceux qui doivent le transmettre à leur postérité qui le recevra, qui le possédera, qui le laissera comme les propriétés et la vie; que par-là *le système politique se trouve dans un accord parfait avec l'ordre du monde;* que la marche de l'Etat imitant celle de la nature, il n'est *jamais totalement neuf dans ce qu'il acquiert, ni entièrement vieux dans ce qu'il conserve;* et que par ce principe, qui l'identifie avec les rapports de famille, l'hérédité du bonheur et du bien public se trouve naturellement attachée à l'hérédité des liens domestiques.

Alors ce législateur considérera toutes les parties qui composent cet Etat, et pour juger de ce qu'elles peuvent faire, il étudiera ce qu'elles ont fait; s'il voit que depuis plusieurs siecles cet Empire ait sans cesse augmenté sa puissance, il attribuera cela *à la bonté de ses lois, non pas à la fortune qui n'a pas ces sortes de constances.* Il en conclura que les abus qu'il doit réformer viennent de l'inexécution des lois; il cherchera donc à assurer les moyens de les faire observer; et comme leur observation tient essentiellement aux mœurs publiques et particulieres, il travaillera à corriger les mœurs, en conservant la constitution.

Pour cela il s'appuiera sur la base de toute société civile, sur la Religion, sans laquelle il n'y a point de morale : il verra que l'homme est essentiellement un être religieux; que sa conscience intime l'avertit sans cesse de sa nature spirituelle; qu'elle l'associe à la

divinité dont il est une émanation ; que le germe de
tout ce qu'il y a de grand et d'élevé en lui étant dans
l'existence de l'âme ; cette vérité ne peut être attaquée sans qu'on attaque en même temps tous les
devoirs, tous les liens, toutes les ressources de la société ; qu'il faut la maintenir avec soin ; qu'elle ne
peut être constamment maintenue que par la Religion.
D'où il conclura qu'en conservant la Religion il con-
servera l'Etat.

Examinant ainsi cet antique et respectable accord
des vérités religieuses et des principes politiques,
il verra par quels moyens la Religion s'est perpétuée
dans l'Etat ; et s'il trouve que ce soit par des établissemens qui faisoient partie de l'Etat même ; alors il
aura une double attention à les conserver, parce
qu'il en tirera une double utilité ; et soit que ces
établissemens aient été dans leur origine le fruit de
la charité ou de l'enthousiasme, il en fera les instrumens d'une sage politique ; il ne prétendra point
créer des matériaux ; parce qu'ils ne sont pas dans la
main de l'homme ; mais il mettra toute sa science
à faire usage de ceux qu'il trouvera : il verra que la
perpétuité de l'existence et de la fortune des corporations religieuses, est un instrument précieux entre
les mains d'un homme qui a de grandes vues, et qui
médite ces projets que le temps seul peut consommer. Ainsi en amalgamant les établissemens religieux
et les établissemens politiques, en employant comme
une forte puissance un mécanisme, dans lequel il
trouve une direction publique, il consolidera la Religion par l'Etat et l'Etat par la Religion. Alors tous
les liens étant resserrés, le pouvoir spirituel étant
respecté, le pouvoir civil étant obéi ; il fera sans
crainte l'examen approfondi de toutes les parties de
l'Etat. Il ne les prendra pas toutes ensemble, parce
que l'esprit humain ne pourroit y suffire ; il les examinera successivement, toujours avec le desir de
conserver et le talent *d'améliorer* ; toujours en imitant la nature, qui ne produit qu'avec le temps, et
qui ne donne qu'avec les années les fruits de l'arbre
qu'elle fait naître.

Il n'exigera point de ceux qui l'ont chargé de travailler à leur bonheur, qu'ils s'engagent d'avance par
des sermens *prophétiques* à exécuter ce qu'il leur
prescrira : il sentira que le serment est un acte religieux, qui s'avilit par la multiplication, qui tombe
par la contrainte ; que tous les membres d'un Etat
sont liés antérieurement par un serment uniforme
et unanime, et que tout serment qui y contrevien-
droit seroit *parjure*, s'il étoit libre, et *nul*, s'il ne
l'étoit pas. Mais pour consolider la stabilité du gouvernement, il lui soumettra les sujets par le sentiment de leurs devoirs, et les y attachera par le sentiment de leur bonheur ; et mettant ainsi sous la
même clef la force et la félicité publiques, il ne laissera au peuple ni le moyen ni le desir de changer
l'Etat.

Enfin, si cet Etat est une monarchie, il en affer-
mira avec soin les inégalités qui font l'essence de la
constitution : il établira sur ces inégalités le jeu libre,
prompt et sûr de tous les ressorts de la machine ;
et après en avoir assuré la direction irrésistible dans
la main du Monarque, il entourera ce Monarque de
tout l'appareil de la majesté, qui rendra sa bienfaisance plus sensible en rendant sa grandeur plus importante ; et *alors la volonté du peuple, la volonté
du Prince, la force publique de l'Etat, et la force particuliere du gouvernement, tout répondra au même
mobile ; tous les ressorts de la machine seront dans la
même main ; tout marchera au même but ; il n'y aura
pas de mouvemens opposés qui s'entredétruisent, et
l'on ne pourra imaginer aucune force de constitution
dans laquelle un moindre effort produise une action
plus considérable.* (1)

Toute ame sensible qui médite sur le bonheur du
genre-humain, s'ouvre aux doux charmes de l'espérance, quand elle se forme l'idée d'un sage législateur
qui exerce sur les générations présentes et à venir

_____

(1) Contrat social.

F

l'empire de la raison : mais elle se ferme involontairement à toute espece de consolations, quand elle voit
les horribles moyens et les scandaleux succès d'une
assemblée usurpatrice.

Lorsqu'un usurpateur veut conquérir, il peut quelquefois se former un parti dans l'Empire qui va devenir la victime de son ambition ; mais communément
il s'assure d'autres forces pour y arriver ; et c'est avec
ce premier levier qu'il fait agir les autres. Au contraire une assemblée de mandataires qui veut se rendre usurpatrice, n'a en elle aucune force première ;
car sa force ne consiste encore que dans ses mandats,
puisqu'elle n'existe que par eux ; or ses mandats limitent son pouvoir : il faudra donc qu'elle se procure
une autre puissance : cette autre puissance ne pourra
être que le peuple : c'est donc le peuple qu'elle armera
en sa faveur. Pour cela elle abattra tout-à-coup
toutes les autorités existantes, et, se mettant à leur
place, étonnera la multitude par un grand changement de décorations. Pour entretenir l'enthousiasme qui est la force du peuple, elle écrira sur ces
décorations en caractéres de sang des mots qu'il ne
peut entendre, mais dont il doit abuser. *Egalité, liberté, souveraineté*, seront inscrits et répétés partout. D'après eux l'Assemblée jugera tous les établissemens qui composoient l'Etat ; et comme ils seront
tous en contradiction avec des principes faux ou
exagérés, ils seront tous proscrits. Une fois précipitée
dans cette pente escarpée, l'Assemblée ne s'arrêtera
plus ; plus elle aura fait pour le peuple, plus il faudra
qu'elle fasse pour lui. Son effervescence sera toujours
en ébullition ; et pour empêcher qu'on ne juge le
vuide de ses moyens, elle mettra son orgueil au niveau de sa nouvelle grandeur. Elle persuadera au
peuple qu'il étoit dans la barbarie, qu'il n'existe que
du moment qu'il s'est livré à la licence. Les fruits
de cette licence seront des ravages, des massacres,
toutes les horreurs que l'on peut attendre des sauvages déchaînés : l'Assemblée qui aura besoin de ces
désordres, et qui ne pourroit pas les arrêter, ne peu

sera pas même à le tenter : mais elle dirigera cette fureur sur ceux qui ne se prêteront pas à son usurpation : elle marquera dans l'Etat une classe d'hommes, toujours désignée pour servir aux vengeances du peuple : par-là elle écartera beaucoup d'obstacles, et à l'aide de la corruption des mœurs, elle établira une nouvelle morale qui ne sera qu'une dissolution féroce : la Religion, même affoiblie, lui paroîtra une barriere dangereuse : pour l'abattre, elle livrera ses ministres à l'ironie et à la persécution : enfin si cet empire subsiste depuis un long-temps sous l'autorité royale, elle craindra l'antique respect des peuples pour le Monarque, et avilira sa personne pour détruire sa puissance.

Alors despote par droit de conquête, elle s'entourera de tout l'appareil de la tyrannie, et épuisera les crimes de tous les siecles. *Marius* lui fournira les proscriptions et elle fera faire les listes de ses victimes. *Tibere* et *Néron* lui fourniront les délations, et elle établira des comités de recherches : *Claude* et *Caligula* lui apprendront l'utilité des confiscations, et elle s'appropriera les biens d'un ordre entier de l'Etat. Le fameux *la Montagne* lui apprendra à former des assassins, et elle en enverra par-tout où son intérêt l'exigera : comme elle réunira tous les pouvoirs, elle ne voudra jamais souffrir la contradiction, même dans ses séances ; on y retrouvera le même trouble qui regne dans l'Etat, et on y opinera parmi les menaces ou les applaudissemens d'une populace soudoyée.

Au milieu de cette combustion, l'Assemblée dira sans cesse au peuple qu'elle le *régénere*, et après avoir préparé la ruine de l'Etat par ses crimes, elle la consommera par ses lois. Ses lois ne seront point faites, comme celles des sages de l'antiquité, sous l'utile apparence d'une inspiration divine ; elles seront faites en haine de la Divinité, à travers les cris et les invectives. Ses lois étant l'ouvrage de la force, et non de la volonté générale, consacreront toujours les droits de la multitude, ou le droit du plus fort.

Comme elles seront en contradiction avec tous les
principes de l'ordre social, on les établira sur les
droits de l'homme dans l'état de nature, état auquel l'Assemblée aura en effet ramené le peuple.

Pour faire des lois sociales, elle se mettra donc
hors de la société; et dès-lors les préjugés les plus
heureux, les habitudes les plus anciennes, les affections publiques qui se combinoient avec les affections
particulieres, toutes les institutions qui excitoient
l'attachement ou la vénération, *tous ces gains, ces
accroissemens successifs* que la société obtient avec
les générations, qui sont non-seulement le bien héréditaire de ceux qui existent, mais encore la substitution de ceux qui doivent naître; tout cela sera
proscrit et changé, uniquement parce que c'est usité,
parce que c'est de tout cela que se compose *l'esprit*
d'une nation, et que c'est cet *esprit* qu'il faut détruire
dans la nation qu'on veut asservir. Si sur-tout, après
les guerres civiles les plus longues et les plus cruelles,
cette nation n'a dû qu'à son *esprit* la promptitude
avec laquelle elle s'est relevée, la vigueur avec laquelle elle a réparé ses pertes, l'Assemblée usurpatrice cherchera d'autant plus à anéantir tout ce qui
produisoit cet *esprit*, qu'elle en redoutera plus les
effets. Ainsi si ce peuple, quoique corrompu dans
ses principes, avoit encore quelques mœurs qui fissent
naître des vertus, s'il s'honoroit de son amour pour
ses Rois, s'il jouissoit de sa soumission, s'il avoit la
générosité de la noblesse, le courage de la chevalerie,
la franchise de la loyauté, s'il avoit sur-tout cette
chasteté de l'honneur qui regarde la moindre tache
comme une blessure mortelle, qui ennoblit tout ce
qu'elle touche, qui ajoute à la valeur ce qu'elle ôte
à la férocité, l'Assemblée s'occupera sans relâche à
changer toutes ces idées incompatibles avec son usurpation. Enfin, après avoir entraîné la nation par l'im-
posture et par la terreur, elle l'enchaînera par l'intérêt; elle commettra en son nom des vols publics dont
elle l'obligera d'être complice; elle dépouillera for-
tément une classe de citoyens qui avoit pour elle la

prescription et la propriété ; et pour dilapider impunément à son profit le numéraire de l'Etat, elle le fera disparoître par un papier monnoie.

Cependant elle sentira qu'il faut même à des usurpateurs un gouvernement quelconque ; et ne pouvant faire marcher le sien par les conséquences des abstractions qu'elle aura établies en principes, chacune de ses lois ou de ses actions se trouvera en contradiction avec ses principes. Elle aura mis au nombre des *droits de l'homme* la liberté individuelle, et elle fera emprisonner arbitrairement ; elle aura décrété la liberté de la presse, et elle arrêtera les écrits, et punira les auteurs qui attaqueront ses opérations ; elle aura dit aux hommes qu'ils sont tous *égaux*, et elle sera obligée de substituer d'autres différences à celles qu'elle aura proscrites : elle aura dit au peuple qu'il étoit souverain, et elle sera obligée d'en exclure une partie de l'exercice de cette souveraineté. Mais alors parmi les factions qui la composent il s'en trouvera une qui profitera de ces contradictions, qui les répétera sans cesse au peuple, qui lui fera voir qu'il n'a fait que *changer de servitude* ; que c'est à lui de s'affranchir entièrement : alors l'Assemblée ne pourra plus employer à son gré son pouvoir exécutif, qui étoit le peuple, et avec tout l'appareil de la souveraineté, elle ne pourra en faire usage que pour détruire. La reconstruction lui deviendra impossible ; elle y travaillera cependant : mais son gouvernement ne subsistera que dans son procès-verbal : elle donnera des proportions gigantesques à une machine qui ne pourra pas agir : elle voudra concilier les extrêmes et établir une république monarchique. Mais alors la *volonté du Prince* ne sera rien ; la *volonté du peuple* paroîtra être tout, et sera peu de chose : *la force publique de l'Etat et la force particulière du gouvernement ne répondront point au même mobile. Tous les ressorts seront* épars dans toutes les *mains*, rien ne marchera au même but ; il n'y aura que des *mouvemens opposés qui s'entredétruiront* ; et l'on ne pourra

F 3

imaginer aucun gouvernement dans lequel plus de ressorts produisent moins d'action.

Les usurpateurs ayant ainsi rempli la moitié de leurs vues, qui étoit de piller la nation pour s'enrichir, verront que le moment n'est pas encore venu de remplir le surplus ; en assurant leur domination, ils attendront donc du temps, ce que ne peut plus leur donner une force qui n'est plus à eux. Ils laisseront à cette nation une constitution impraticable qui prolongera son anarchie. Ils ne pourront plus troubler l'Etat comme souverains, ils le troubleront comme citoyens ; et perpétuant, soit par eux, soit par leurs agens, les discordes qu'ils auront *constitutionnellement* établies par leurs lois, ils épieront le moment où l'excès des calamités publiques fera généralement éprouver le desir et le besoin du repos ; alors ils reparoîtront comme libérateurs au milieu d'un peuple épuisé, et arracheront à sa lassitude ce qu'ils n'auront pu obtenir par leur usurpation.

Le tableau affligeant qu'on vient de voir est-il l'ouvrage imaginaire, est-il l'ouvrage exagéré d'une sombre misantropie ? N'est-il pas plutôt l'esquisse réelle, mais affoiblie, de ce qui s'est passé en France ? N'y voit-on pas se placer, chacun suivant ses moyens ou ses projets, tous ceux dont j'ai indiqué les dispositions dans la premiere partie ? N'y retrouve-t-on pas toutes les factions, c'est-à-dire, tous les crimes des *constitutionnels* ? Cette table rase dont ils croient avoir uni la surface, c'est celle sur laquelle ces géometres politiques ont dessiné le problême insoluble de leur gouvernement : ce chaos crayonné sur le globe, sous le plus beau climat de l'Europe, c'étoit cette France.... C'étoit ma pâtrie qu'ils ont rendue barbare ; cet édifice monstrueux, où il n'y a ni fondations ni équilibre, dans lequel les plus petites pierres se trouvent confusément employées avec les plus grandes, qui croule avant d'être achevé ; c'est la constitution qu'ils ont despotiquement substituée à la nôtre ; cette femme qui fuit et s'éleve en voilant son visage, c'est la Religion persécutée qui porte au

Ciel le nom des martyrs qu'ils ont immolés ; ces pillages, ces assassinats, ce sang, ces têtes, ces cadavres insultés, déchirés, dévorés, ce sont les fêtes
civiques de cette ville régicide, sur laquelle gronde
déjà l'orage qu'on voit se former dans toutes les parties de l'horison : enfin, cet auguste captif, dont la
démarche tranquille et fiere annonce la résignation
de la vertu souffrante, et la dignité de la grandeur
malheureuse, dont les mains chargées de chaines sou-
vrent encore pour répandre des bienfaits ; c'étoit mon
Roi…. C'est Louis XVI, dont un Français ne peut
plus prononcer le nom sans se regarder avec horreur ;
ces satellites qui rivent ses fers, il les a tous comblés
de ses dons ; ce diadême qu'on lui arrache, il ne le
portoit que pour le bonheur de son peuple ; ce glaive
qu'il a remis dans le fourreau, il ne voulut jamais l'employer contre ses assassins ; ce trône renversé qui fut
pendant 800 ans celui de ses ancêtres….. c'est aujourd'hui le marche-pied de son échafaud.

Ah ! que pour l'instruction de l'humanité il s'élève
quelque jour un peintre, dont le pinceau mâle et vi-
goureux renferme, dans un seul cadre, des terribles
et sanglantes leçons, que la vengeance du Ciel donne
à la corruption des hommes ; et qu'en même temps
il s'élève un nouveau *Tacite* qui scrute avec le flam-
beau du génie des secretes pensées de ces usurpateurs, qui porte le jour au milieu de cette assemblée
de *Caligulas*, et qui disséquant d'une main sûre ce
squelette politique, effraie la postérité par la démonstration de sa hideuse structure.

Après avoir par les faits et les principes, prouvé
la grandeur des maux que les *constitutionnels* ont faits
à la France, et de ceux qu'ils veulent et peuvent encore lui faire, il me reste à examiner comment elle
peut les éviter et quel est le parti qui lui reste à
prendre.

TROISIEME PARTIE.

POur déterminer quel est le seul parti qui puisse aujourd'hui sauver la France, il faut examiner quatre questions :

1°. La France peut-elle rester en république ?
2°. Faut-il revenir à la Constitution de 1791 ?
3°. Faut-il faire un accommodement ?
4°. Faut-il revenir à la seule autorité royale ?

PREMIERE QUESTION.

La France peut-elle rester en république ?

L'Établissement d'un gouvernement quelconque est exposé à deux genres d'impossibilité. Comme il ne peut agir sans les forces humaines, il est soumis à leur étendue ; comme il est fait pour des hommes en état de société, il est subordonné aux principes sur lesquels les hommes ont établi la leur. Delà naît une double impossibilité, physique et morale ; et si l'opiniâtreté se flatte quelquefois de vaincre la première, parce qu'on a vu de grands efforts surmonter de grands obstacles ; toute ame honnête s'arrêtera toujours à la vue de la seconde, et respectera l'antiquité des barrieres élevées par la justice pour assurer le repos de l'humanité.

C'est donc sous ce double rapport que je vais examiner rapidement une question sur laquelle je souffre de m'arrêter.

La France une république ! il n'y a pas encore long-temps qu'il eût suffi de mettre ces quatre mots à côté les uns des autres, pour faire sentir leur incohérence.

1°. La position topographique de la plupart de nos

provinces, leurs grandes distances ne mettent entre elles aucuns rapports naturels. La Provence n'a ni intérêts ni relations nécessaires avec l'Alsace ; le Languedoc avec l'Artois ; le Béarn avec la Picardie : il peut se trouver mille occasions dans lesquelles leurs intérêts soient opposés ; comment donc les réunir sous un même gouvernement ? c'est en concentrant ce gouvernement dans un seul homme, qui ait, et un intérêt égal à la conservation de toutes ces provinces, et un pouvoir suffisant pour réunir la promptitude et la sûreté de l'exécution. Du moment que, par un changement dans le gouvernement, vous mettez un être collectif à la place de cet homme, vous désunissez les forces qui se trouvoient rassemblées en lui, et par conséquent, vous diminuez l'action ; il doit arriver alors ce qui arrive en mécanique, lorsqu'on agit par des forces divisées : les frottemens se multiplient, et il faut de plus grands efforts pour produire de moindres effets.

La monarchie Française étant donc composée d'une multitude de pièces immenses, qui aboutissent toutes au même point, et ne peuvent être contenues que par une force centrale, diviser cette force, c'est détruire ses effets et décomposer l'édifice. J'invoquerai encore le témoignage du *Contrat social* qui n'a jamais passé pour être le manuel du despotisme : Rousseau, dans le premier chapitre du troisième livre, démontre que le gouvernement (il entend par ce mot le pouvoir exécutif) doit être relativement plus fort à mesure que le peuple est plus nombreux (1).

2°. La moindre réflexion fait sentir qu'on ne doit pas juger une république qui s'établiroit aujourd'hui, d'après ce que l'histoire nous apprend des républiques anciennes. Les combinaisons politiques étoient bien différentes, le commerce moins étendu, les communications plus difficiles ; les peuples vivoient réciproquement dans une sphere plus resserrée ; leurs

---

(1) Voyez quatrieme question.

relations étoient peu fréquentes. En vain voudroit-on opposer à ce raisonnement l'exemple de quelques États républicains qui sont en Europe : leur existence contribue à la tranquillité de cette partie du globe : ce sont des grains qui, mis dans la balance, maintiennent l'égalité entre des poids plus forts.

3°. On a bien vu des républiques peu considérables dans leur naissance s'agrandir peu-à-peu ; mais on n'a jamais vu une grande monarchie se changer en république. Les Anglois ont fait le siecle dernier des efforts impuissans pour établir chez eux la démocratie ; mais *comme ceux qui avoient part aux affaires n'avoient point de vertu, après bien des mouvemens, des chocs et des secousses, il fallut se reposer dans le gouvernement même qu'on avoit proscrit* (1).

L'histoire est un trésor précieux pour quiconque la lit avec un cœur droit et un esprit juste ; mais il n'est rien dont la mauvaise foi n'abuse ; elle tourne même à son avantage ce qui devroit faire sa condamnation ; et nous avons vu les guides et les amis du peuple lui montrer la Suisse, la Hollande et l'Amérique, pour soutenir ses efforts par l'exemple des succès. Le bon sens souffre-t-il qu'on établisse quelque parité entre une république sanguinaire, naissante en France à la fin du dix-huitieme siecle, et la paisible fédération formée au commencement du quatorzieme, au milieu des neiges d'*Uri*, de *Schwytz* et d'*Underwalden* ? Les accroissemens que cette fédération a reçus depuis 1308, ne sont-ils pas dus à mille circonstances que le temps a fait naître ? Les États qu'unit cette fédération n'ont-ils pas des gouvernemens différens ? La Suisse, hérissée de montagnes inaccessibles pendant une partie de l'année, ne présente-t-elle pas de grandes difficultés à la puissance étrangere qui attaque, et de grands avantages à la puissance nationale qui se défend ? Ce fut la position des Scythes qui mit des bornes à la domination des Perses et à celle des Romains.

(1) Montesquieu.

Les localités et les événemens ont autrefois facilité en Hollande la révolution. Depuis elle a trouvé dans les eaux le même avantage que la Suisse dans les montagnes. Elles n'empéchent pas ses ennemis d'arriver, mais elles les submergent; ses écluses valent une armée. D'ailleurs, son gouvernement ne fut point une république : et dès le premier moment elle sentit la nécessité d'un chef.

Enfin, ni la Suisse ni la Hollande n'étoit un royaume. C'étoient des portions éloignées, presque détachées, d'une grande domination. Nul doute qu'une province favorisée par sa position, par les circonstances, ne puisse devenir une république; mais alors c'est un démembrement, et cela prouve contre cette unité si solennellement jurée.

Si je voulois détailler ici la révolution de l'Amérique, il me seroit aisé de faire voir que le point de comparaison n'est pas plus juste : mais il est des événemens qu'on ne peut, qu'on ne doit point rappeller à sa patrie, dans le moment où elle en porte la terrible peine.

4°. Encore moins peut-on citer pour exemple, Rome ou les républiques les plus connues de l'antiquité.

Rome n'étoit sous ses Rois qu'une monarchie imparfaite : quand elle chassa Tarquin, son territoire étoit très-borné; elle ne possédoit encore qu'un coin de l'Italie. Néanmoins à peine eut-elle aboli la royauté qu'elle dut être étonnée de trouver en elle la semence de tous les troubles : elle les vit se développer successivement; et la seule chose qui empécha Rome d'être détruite par ce germe de discordes, fut son institution guerrière. Elle offroit toujours à ses citoyens la gloire ou l'intérêt. Le désir de conquérir faisoit partie de la Constitution du peuple Romain : il partageoit les terres des vaincus : par ces deux moyens on lui faisoit tout oublier; et dans le moment de ses plus grandes dissentions avec le sénat, dès qu'on parloit d'ennemis, tout se réunissoit.

Cette ressource manquoit à Syracuse qui avoit peu d'occasions de guerre : son peuple n'eut jamais que cette cruelle alternative de se donner un tyran ou de l'être lui-même : son inquiétude n'avoit point d'alimens au dehors ; il falloit bien que l'intérieur fut troublé.

On en peut dire autant des républiques de la Grece ; presque toutes à la vérité commencerent par avoir des Rois ; mais leur domination avoit alors peu d'étendue, et ne peut se comparer même à la plus petite province de France. Très-voisines, souvent rivales, quand elles n'étoient pas réunies contre l'ennemi commun, elles combattoient les unes contre les autres : cette alternative seule pouvoit les soutenir. La paix étoit pour elles un symptôme de mort. Voyez ce que devint Thèbes après Epaminondas ; voyez quels efforts faisoit Démosthènes pour tirer les Athéniens de leur léthargie ; c'est après les journées de Marathon et des Thermopyles qu'il faut admirer les Grecs ; mais dans la paix ! ils faisoient une loi qui défendoit d'employer aux besoins de l'Etat les fonds destinés aux spectacles. Enfin dans ces républiques, où l'intérieur étoit toujours troublé, et où la force de la constitution souffroit de la liberté du citoyen, il n'y avoit point de déclaration des *droits de l'homme* ; au contraire, il y avoit des esclaves et des affranchis ; et à leur égard le gouvernement étoit despotique.

5°. La passion ou l'avenglement ne raisonne pas ; et parce que l'empire de Rome devint immense, on en conclut à la métamorphose subite d'une grande monarchie en une grande république. On ne songe pas que par rapport à Rome toutes les provinces étoient des sujets, et que, par rapport à celles-ci, Rome étoit le souverain, et souverain entiérement despote. Ces fiers républicains si jaloux de leur liberté ne la souffroient point autre part (les Assemblées prétendues nationales ont fait de même). Tout trembloit devant les proconsuls rois que l'on envoyoit dans les provinces : si c'est là le gouvernement qu'on veut citer pour modèle, il n'y a qu'à voir *quelle haine avoient excitée contre les Romains les rapines des proconsuls, les exactions des gens d'affaires, et les ca-*

lomnies des jugemens. Mais dans le système d'une
république Française, ce grand empire seroit tout-à-
la-fois son souverain et son sujet ; ce qui jusqu'à présent a été sans exemple, et ce qui sera toujours impossible.

Dès que je vis la marche des *constitutionnels*, à qui
il falloit toujours une grande force sous leurs mains,
je prédis que Paris voudroit devenir ce qu'étoit Rome ;
mais je ne pouvois concevoir que les provinces con-
sentissent à devenir ce qu'étoient les provinces Ro-
maines. Je leur disois que Paris ne pouvoit vivre sans
elles, et qu'elles vivroient bien mieux sans Paris.

Elles ont été long-temps sans reconnoître cette vérité : et le moment où elles l'apperçoivent enfin est
encore perdu pour leur repentir. Elles s'obstinent à
vouloir, ce que la nature des choses ne voudra jamais, quatre-vingt-trois départemens, quarante-quatre
mille municipalités, vingt-cinq millions d'hommes,
tous également souverains, tous égaux en pouvoirs,
tous résistans à l'intérêt qui les sépare, pour se soumettre miraculeusement à la loi qui n'a aucune force
pour les réunir ; et ce prestige subsiste encore ! et les
plus grands orages ne le dissipent pas ! Mais leur numéraire est entiérement disparu ; mais leur dette publique est incommensurable ; mais leur commerce
est anéanti ; mais leurs isles sont perdues ; mais les
subsistances manquent ; mais la vengeance de toute
l'Europe les menace ; mais l'ennemi pénètre dans
leurs provinces ; mais la moitié des départemens est
armée contre l'autre ; n'importe, ils sont *uns et indi-
visibles* ; ils le disent, ils le croient, ils le jurent ; pourquoi ? parce qu'ils ne voient aucune différence entre
leur gouvernement présent et celui que les *constitutionnels* leur ont donné : ils ne trouvent qu'un changement de nom ; ils ont entendu dire que la monarchie Française étoit indivisible, et ils ne croient pas
que ce changement dans sa dénomination puisse en
apporter un dans son indivisibilité. Sous ce point de
vue, il faut convenir que leurs propositions sont
justes, ils ne se trompent que dans la conséquence.

Sans doute ce gouvernement, si c'en est un, est entièrement le même ; la même machine , les mêmes
rouages, les mêmes chaînes, les mêmes ressorts : une
seule pièce est changée ; mais elle n'étoit qu'appa-
rente ; elle n'avoit ni mouvement ni action. Qu'en
conclure ? Que la république de 1793 ne peut pas plus
subsister que la monarchie de 1791 ; que le sort de
l'une annonce le sort de l'autre ; et que la seconde
édition de la constitution n'aura pas plus de succès
que la première.

Si la république une et indivisible ne peut subsister
en France , le pourra-t-elle davantage , lorsque la fédération de quelques-unes des provinces qui la composent rapprochera les hostilités et éloignera les
secours ? Je ne puis prendre sur moi de combattre un
système aussi évidemment absurde dans l'exécution ,
et de prouver encore son impossibilité physique ,
lorsque je dois lui opposer, à lui et à tout changement
dans notre ancienne constitution monarchique, l'obstacle insurmontable d'une impossibilité morale. Cette
démonstration seroit susceptible du plus grand détail, je me contenterai d'indiquer quelques principes,
parce que c'est toujours aux principes qu'il faut se
rallier.

Tout ce qui est contraire à une société ne peut pas
y être admis. Toute société est fondée sur la justice :
donc elle ne peut admettre tout ce qui est contraire
à la justice. Toute loi injuste est donc une loi impossible.

Une société a nécessairement deux sortes de principes de justice ; les uns absolus , les autres relatifs.
Les premiers tiennent aux lois naturelles et sont la
base nécessaire de toutes les sociétés ; les seconds
viennent du droit positif, et dépendent du choix que
la société en a fait lors ou depuis sa formation.

Les premiers ne peuvent jamais être changés ,
même par une société entière, parce que cette société
n'en seroit plus une du moment qu'elle s'éleveroit
contre les lois de la nature. Les seconds peuvent être
changés, lorsque la société qui les a choisis juge

convenable de les abandonner ou de les modifier.

Donc toute loi qui changeroit les principes relatifs de la justice dans une société sans son consentement, seroit une loi injuste, et par conséquent impossible.

Or, je demanderai où est ce consentement de la nation pour l'établissement d'une république? Dans ces *adresses* souscrites par la terreur, ou rédigées d'avance, et envoyées à ceux de qui on les exige? Le plus féroce, le plus extravagant des monstres qui gouvernèrent l'empire Romain recevoit perpétuellement des *adresses* de félicitation de toutes les villes d'Italie. Dans la nomination des députés envoyés à la Convention, comment se sont tenues les assemblées où ces nominations ont été faites? Quelle liberté y a-t-il eue dans les suffrages? Combien y avoit-il de votans? Quels moyens employoit-on pour exclure ceux dont on craignoit l'opinion? Comment tout un peuple, qui par mille et mille sermens croyoit avoir consolidé sa constitution, se trouve-t-il unanimement déchaîné contre elle? Il ne pouvoit au moins s'assembler qu'en vertu d'un ordre du Monarque, revêtu des formalités de cette constitution; et déja ce Monarque étoit avoué prisonnier, son pouvoir étoit suspendu. Pourquoi? Quels motifs les rebelles eux-mêmes donnoient-ils à leur rebellion? Parce que les *constitutionnels* vouloient enlever le Roi, et que les *jacobins* vouloient le destituer. Ce combat entre deux factions supplée-t-il au consentement libre de tout le peuple? Et lorsqu'un *La Fayette* et un *Dumourier* se disputent le succès de leurs coupables intrigues, le peuple doit-il voir dans cette lutte du crime la nécessité de décider entre eux, au-lieu d'y voir une occasion de les écraser tous deux?

Assemblé par la violence, il a donc voté sous la terreur, et dès-lors il n'a pas consenti.

Mais je vais plus loin, et je dis que, quand même le consentement eût été aussi libre qu'il étoit forcé, aussi général qu'il étoit partiel, il n'y auroit point encore de volonté générale.

Nec ipse populus Jam populus est (1) , *si sit injus-*
tus, disoit un célèbre républicain ; à plus forte raison
s'il étoit insensé ; car alors il n'y auroit plus de
consentement. L'axiome général du droit de toutes
les nations est, *qui insanit, consentire non videtur.*
Comme aucun être ne veut librement ce qui lui
est nuisible , ce qui tend à sa destruction , quand
tout un peuple veut une chose dangereuse ou mortelle pour lui, ce n'est plus une volonté , c'est une
folie générale : le résultat de sa volonté ne peut pas
être juste , parce que c'est le résultat d'un délire et
non d'un consentement. Tout se réduit donc à savoir,
si le peuple , en voulant , supposé qu'il l'ait voulu ,
une république , a voulu son bien ou son mal, sa gloire
ou son infamie, sa puissance ou sa destruction , le
remède ou le comble de ses maux. Or , comme il est
impossible que l'on hésite de bonne foi sur cette question, comme cette volonté générale du peuple devoit
lui être aussi funeste qu'elle étoit injuste , je dis que
ce peuple n'a pas pu consentir , parce qu'il étoit en
délire ; et que dès-lors la république établie sans son
consentement ne peut pas subsister.

Ah ! qu'il se soumette, il en seroit temps encore ,
au raisonnement que je lui présente ! Qu'il ne se dé-
tourne pas du refuge que je lui ouvre , le seul qui
puisse le mettre à l'abri d'une infamie indélébile !
Qu'il recouvre sa raison , s'il veut encore recouvrer
son honneur ! Oui , il l'avoit perdue cette raison : tous
ses discours l'indiquent , toutes ses actions le prou-
vent : mais qui la lui avoit fait perdre ? Les *constitu-*
tionnels : ce sont eux qui avoient égaré son esprit
par des orgies cannibales ; qui l'avoient séduit par la
multitude de leurs *clubs* ; qui l'avoient subjugué par
le despotisme de leur *assemblée.* Il n'est point devenu
subitement insensé en 1792 ; il l'étoit depuis 1789 ;
il n'a fait que changer de folie ; il s'est perdu, parce
qu'il n'avoit plus de guide : mais ce guide , eux seuls

(1) Cicéron.

le lui ont ôté ; s'il est souillé de crimes, parce qu'il
n'avoit plus de religion ; mais cette Religion, ce sont
eux qui l'ont détruite : il a changé de gouvernement,
parce qu'il a senti que celui qu'on venoit de lui donner étoit impraticable ; mais c'est d'eux seuls qu'il
avoit reçu ce gouvernement, et qu'il avoit appris à
faire une révolution : il n'a plus voulu de Roi, parce
qu'il en a senti l'inutilité ; mais cette inutilité avoit
été *constitutionnellement* établie par eux.

Ainsi quelque détour qu'on fasse dans cette effrayante carriere, quelque fil que l'on prenne dans le
dédale de cette révolution, il n'en est point qui ne
ramene aux *constitutionnels*. Toujours on trouve leurs
leçons, leurs exemples, leurs moyens mis en action
par eux, mis en action pour eux, et enfin tournés contr'eux, par une premiere vengeance publique, qui ne
les affranchit pas de la seconde.

C'est pour échapper à cette seconde vengeance,
c'est dans les convulsions de la terreur sans remords,
et du désespoir sans repentir, qu'ils veulent encore
nous ramener à leur absurde *Constitution* ; et c'est la
seconde question que j'ai à examiner.

Seconde Question.

Faut-il revenir à la Constitution de 1791 ?

LA Religion, le vœu véritable de la nation, la morale,
la justice, la majesté royale, la tranquillité de la France, la tranquillité de l'Europe entiere, enfin tout ce
qui, parmi les hommes, a le plus de droit à l'inaltérable
perpétuité de leur amour, de leurs hommages, de leur
vénération, s'éleve à cette question, et la résout né-
gativement. Il n'est aucun de ces intérêts si chers ou
si sacrés qui ne repousse avec horreur une constitution qui lui est si directement contraire. Ce sera
donc par eux seuls que je la combattrai, sans me condamner au fastidieux travail d'en détailler tous les articles, pour montrer l'impossibilité de leur exécution

G

§ I.

Je dis d'abord que la Constitution de 1791 est contraire à la Religion ; et j'atteste, à l'appui de cette proposition, l'aveu de tous les *constitutionnels* : ou plutôt
j'atteste l'orgueil impie et ironique avec lequel ils se
sont glorifiés d'avoir éteint tout sentiment religieux.
Qu'on se rappelle leurs séances ; qu'on lise tous leurs
libelles, et sur-tout leurs journaux ; on verra comment
étoient accueillies les déclamations les plus sacrileges.
Lorsque des usurpateurs tiennent un pareil langage
au peuple qu'ils ont conquis, lorsqu'ils lui donnent
publiquement des exemples et des leçons d'impiété,
c'est bien annoncer que leur prétendu code législatif
sera rédigé d'après leurs principes, et que leur conduite
en sera une conséquence : n'est-ce pas-là ce qu'ont fait
les *constitutionnels* ? Sur ce point, leur marche n'a-
t-elle pas toujours été la même ? Pendant tout le temps
qu'ils ont siégé sur les débris du trône, il n'est pas un
jour où la Religion n'ait eu à gémir d'un de leurs discours, ou de leurs décrets ; il n'est pas un combat
dont le plan n'ait été médité d'avance, et qui n'ait été
livré avec la certitude de vaincre toute résistance par
le secours d'une populace appelée et soudoyée à cet
effet. De fortes réclamations s'élevoient dans le côté
droit, mais elles étoient toujours sans succès ; et en
accoutumant ainsi le peuple à voir toujours la Religion
attaquée par ceux qui vouloient renverser le gouvernement, et défendue par ceux qui vouloient le
soutenir, on lui persuadoit de plus en plus qu'il falloit détruire l'une et l'autre pour assurer la révolution.

Dans tous les Etats, chez tous les peuples, même les
moins civilisés, il y a toujours eu deux autorités, l'une
civile, l'autre religieuse ; suivant la religion, suivant
le gouvernement de ces peuples, elles ont été plus ou
moins subordonnées l'une à l'autre. La Constitution
confond en elle les deux pouvoirs, et ne permet ni
tribunaux ni assemblées ecclésiastiques.

La Religion catholique, révélée par Dieu même,

ne peut, en matiere de dogme, dépendre de l'autorité civile, elle ne reconnoît que celle de l'Eglise : cette Eglise a dans le successeur du premier des Apôtres un Chef visible, dont elle ne peut jamais se séparer; c'est à lui que remonte la hiérarchie ecclésiastique : cette hiérarchie est détruite par la Constitution; et la France n'a pu devenir *constitutionnelle* sans se rendre *schismatique.*

La presque totalité des évêques, la grande majorité du clergé de France, a refusé, conformément à ses devoirs, de se soumettre à des décisions subversives de l'unité de l'Eglise, et des principes qu'elle a toujours suivis : et les ministres d'une Religion, que l'on vouloit détruire, ont été dépouillés, proscrits, insultés, poursuivis, massacrés, souvent en vertu des nouvelles loix, et toujours sans pouvoir réclamer leur protection.

Il existoit des corporations religieuses : en elles les sciences trouvoient des hommes profonds et appliqués, l'Eglise de grands secours, la Religion des exemples édifians, la charité d'immenses ressources. Pour se livrer tout entier à l'étude et à la priere, celui qui entroit dans ces corporations, faisoit un pacte particulier avec la Divinité : l'engagement qu'il contractoit librement, étoit sous la sauve-garde des loix et de l'Etat : mais en renversant l'Etat et les loix, la constitution a annullé l'engagement : elle s'est mise en tiers entre le Créateur qui recevoit, et la créature qui lui faisoit l'abandon de tous les biens qu'elle tenoit de lui : elle a dit au cénobite vertueux : *Rentre malgré toi dans un monde que tu avois quitté; mais rentres-y pour y être la victime de ma persécution.* Elle a dit au cénobite apostat : *Je romps des liens que tu détestois au fond de ton ame; mais paie ta liberté par le sacrilege; un grand scandale doit être ta contribution patriotique.* Tout le monde sait avec quelle joie étoient reçus à la barre ceux qui venoient faire serment à la nation, en violant celui qu'ils avoient fait à la Divinité. Malgré cet appareil public d'une reconnoissance impie, l'apostasie fut honteuse du petit nombre de ses apostats;

mais la constitution n'en est pas moins coupable de tout le mal qu'elle a voulu faire ; la Religion en a paru plus grande, et la constitution en est plus criminelle.

L'Église possédoit de nombreux établissemens : toutes les fois que la nation s'étoit assemblée, elle avoit reconnu cette propriété ; malgré cette reconnoissance nationale, malgré cette propriété, malgré la plus longue prescription, et en contredisant l'article le plus évidemment vrai de sa déclaration des droits de l'homme, la Constitution a envahi ces établissemens ; elle a fait plus, elle a appellé tous les individus à profiter de ce vol national, en leur donnant la facilité d'acquérir les biens qui en provenoient : elle les a forcés d'y contribuer, en les obligeant à prendre comme monnoie le gage estampillé des rapines publiques. Ainsi elle a montré au peuple la Religion et ses ministres comme incompatibles avec une révolution qui les avoit dépouillés : elle lui a montré ceux qui dévoient être l'objet de sa vénération, comme des *salariés* inutiles, dont la suppression totale lui ôteroit tout-à-la-fois et une dépense onéreuse, et le souvenir importun d'un reproche mérité ; et pour faire de ce peuple, un peuple *dans le sens de la révolution*, elle l'a rendu impie par intérêt.

Enfin, dans une Religion toute spirituelle, qui tend sur-tout à dégager l'homme de ses sens, qui offre à sa contemplation l'impénétrable profondeur de vérités incompréhensibles, la majesté du culte captive l'attention du peuple, dont elle fixe les regards. Quelque distance qu'il y ait entre le Créateur, et les hommages qui lui sont rendus, si la pompe des cérémonies religieuses ne nous rapproche pas de lui, au moins elle semble nous élever au-dessus de nous-mêmes : elle vient au secours de notre foiblesse, et commence par nous émouvoir, pour nous conduire au recueillement. D'ailleurs cette dignité religieuse, ce luxe des autels, appartiennent autant à l'indigent qu'au riche : ce n'est que dans le temple de celui devant qui tout les hommes sont égaux, que la pauvreté participe aux jouissances de l'opulence ; par-tout ailleurs elle ne prend point sa part des richesses, et rarement elle les voit sans une jalousie secrette ; là ces richesses contribuent à son bonheur. Elle les voit sans envie, parce qu'elle semble les partager.

Cette observation tient au sentiment ; elle a été appréciée dans toutes les religions ; la révélation s'en est servie pour exciter à l'adoration de ses mysteres : l'erreur l'a employée pour en imposer à la crédulité ; et les temples de Delphes et d'Ephese furent cités comme des merveilles, même après celui de Salomon.

D'après cette vérité, dont la preuve est écrite au fond du cœur humain, les révolutionnaires ont dépouillé les autels, et la constitution a réduit le culte, en le calculant sur l'échelle du mépris qu'elle y attachoit.

Ainsi existe aujourd'hui ce qu'on ne peut plus appeller l'Eglise de France : séparée de son Chef visible, spoliée de ses propriétés, privée de ses ordres religieux, abandonnée par ses ministres fideles, profanée par des ministres apostats, desservie avec une *parcimonie constitutionnelle*, c'est à cet état que la constitution l'a réduite, dans le criminel espoir de parvenir enfin à proscrire entièrement une Religion qu'elle avoit graduellement avilie.

Mais sur ce point comme sur tous les changemens, qu'elle a faits dans la monarchie, elle est encore repoussée par le véritable vœu national, librement exprimé dans les assemblées primaires de 1789.

§. II.

Le vœu national est le résultat de la volonté générale, mais de la volonté générale de ceux qui sont dans un état où ils peuvent vouloir ou consentir. J'ai déjà exposé les principes à cet égard ; j'y renvoie pour en conclure que la volonté folle d'une multitude n'est pas une *volonté* ; que la volonté injuste du plus grand nombre n'est point un vœu national, mais seulement

le droit du plus fort : sans quoi les *constitutionnels*
seroient obligés de convenir qu'aujourd'hui le *vœu
général* est pour la république. En suivant ces principes incontestables, qui sont les gardiens de toute
société, on ne peut trouver, depuis le 1er juin 1789,
un moment où la nation Française ait été en état de
vouloir autre chose que des folies, ou des injustices ;
si elle a été hors d'état de donner un *vœu* depuis la
rédaction de ses cahiers, c'est donc dans ses cahiers
seulement qu'on peut voir son *vœu véritable*. L'intrigue pouvoit bien dès-lors se glisser dans les assemblées de bailliages ; mais la raison pouvoit encore s'y
faire entendre ; mais les factieux ne s'y montroient
pas encore à découvert : lorsque la noblesse venoit
faire l'abandon de ses priviléges pécuniaires, elle
étoit reçue par le Tiers-Etat avec des témoignages de
reconnoissance, qui étoient trop véridiques pour cacher les projets destructeurs d'une haine implacable.
A cette époque, le peuple étoit encore Français ; il
ne savoit ni tromper ni haïr : il vouloit encore un Roi,
un clergé, une noblesse, des magistrats, parce qu'il
savoit que c'étoit-là ce qui avoit élevé et consolidé sa
puissance, parce qu'il en avoit reconnu l'utilité,
chaque fois qu'il s'étoit réuni en Etats-Généraux. Ce
vœu héréditaire de tout un peuple, et de plusieurs
siecles, cette volonté substituée de *générations* en
générations, se manifesta encore dans les assemblées
primaires de 1789. Or, comme elle ne portoit que
sur des objets de réforme, comme elle ne présentoit
rien qui annonçât l'idée d'un bouleversement universel, comme cette idée eût été, si on l'eût entrevue,
rejettée avec une indignation générale ; pour juger si
la Constitution de 1791 est conforme ou contraire au
vœu national, il ne faut que savoir si elle est conforme ou contraire aux demandes contenues dans les
cahiers ; cette question n'en est plus une : elle se dé-
cide à la simple inspection ; et les *constitutionnels* l'a-
voient décidée d'avance, en décrétant, par une loi
solemnelle, qu'ils avoient le droit de se rendre parjures.

On ne peut de bonne foi se refuser à l'évidence de cette démonstration. Si ce qu'ils vouloient faire s'accordoit avec la volonté générale, pourquoi l'ont-ils écartée ? S'ils l'ont écartée, après avoir juré de la suivre, qui leur en a donné le droit ? S'ils ont pris ce droit par un parjure, qui les a absous de ce crime volontaire ?

Il faudra donc revenir à ces adresses, à ces félicitations, à ces assemblées tumultueuses, enfin à ce que les *constitutionnels* disoient être le *vœu général* en 1791, et qui le sera encore en 1792; mais alors ces vœux seront évidemment contradictoires dans ces deux époques; s'il n'y a qu'un des deux qui soit général, je demanderai à quel signe caractéristique on le distinguera; lorsque tous les deux se sont fait connoître par les mêmes moyens : si chacun d'eux est un vœu général, comme ils se contredisent, et se détruisent réciproquement, j'en conclurai que la nation qui *veut* deux choses opposées, prouve par cela seul qu'elle est hors d'état d'avoir une volonté.

En effet, si j'examine cette nation, je la trouve aujourd'hui, comme il y a deux ans, délibérant au milieu des *clubs*, des *sections*, des *sociétés*, des *districts*, des *gardes nationales*, de tout ce qui a fait, tout ce qui a prolongé son malheur : le *républicain* me dit : *Ce n'est que d'aujourd'hui qu'on peut connoître la volonté générale : elle est pour la république;* le *constitutionnel* s'écrie : *C'est en 1791 qu'on l'a réellement connue; elle est pour la constitution :* et moi je les repousse tous deux, en leur répondant: *Votre iniquité mutuelle fait aujourd'hui votre condamnation; opposez-vous réciproquement le plus fort résultat des cris les plus tumultueux, des menaces les plus effrayantes, des crimes les plus nombreux; additionnez toutes ces sommes, et vous aurez..... Quoi? le total de l'anarchie; c'est-à-dire, la ruine, mais non la volonté générale; et avec une constitution contraire à tous principes, vous aurez un gouvernement contraire à toute morale.*

G 4

§. 141.

S'il étoit possible que l'on revînt jamais à la constitution de 1791, il se trouveroit que *les constitutionnels* auroient pris pour arriver à leur but la route la plus pénible, la plus affreuse, mais la plus sûre. Lorsqu'ils auroient vu que les *jacobins* prenoient un empire auquel il étoit difficile de résister, ils auroient jugé que cette faction ne pouvoit subsister long-temps, mais pouvoit, même par ses succès, servir à son tour, et servir très-utilement le parti sur lequel elle l'emportoit momentanément ; que lorsque le peuple, entraîné par cette faction dans une république imaginaire, se verroit contraint de l'abandonner, il croiroit avoir assez fait en reculant jusqu'au dernier point d'où il étoit parti ; que de la haine qu'on lui auroit inspirée contre la royauté, et qui l'auroit porté à la supprimer, il lui resteroit au moins le désir de réduire les droits et la puissance du Monarque, auquel il croiroit faire grace, en lui rendant un sceptre inutile ; que le retour à la constitution seroit donc soutenu, non-seulement par ses premiers partisans, mais encore par ceux de la république. Tel est l'espoir des *constitutionnels*, depuis que l'état du royaume annonce l'impossibilité de conserver le gouvernement qui a succédé au leur.

Dans cette criminelle intention, ils affectent de partager l'horreur qu'excitent les excès des *jacobins* ; ils affectent de déplorer l'abus des principes qu'eux-mêmes ont établis ; ils s'indignent contre les crimes, dont ils ont donné l'exemple ; ils rappellent à eux le peuple qu'ils ont laissé échapper, et lui disent qu'ils le rappellent à un parti *modéré*.

Certes, il faut qu'ils aient mesuré avec une grande certitude le degré de corruption de la nation qu'ils ont égarée, pour avoir encore l'espérance de la gouverner : il faut qu'ils soient bien sûrs d'avoir éteint en elle tout sentiment moral ; il faut qu'ils la croient bien insensible à l'injure et au mépris, pour se flatter que

les circonstances le soumettront encore aux mêmes
tyrans qui l'ont perdue en 1789; ils sont aujourd'hui,
ils veulent être encore ce qu'ils étoient alors; or,
alors on ne les soupçonnoit pas d'être *modérés* ;
quand ils répandoient par toute la France le meurtre
et la dévastation ; quand ils exerçoient l'empire le
plus absolu sur tout ce qui ne se plioit pas à leurs
volontés ; lorsque inquiets sur la soumission des tribunaux qu'ils avoient créés, ils leur disoient de *juger
dans le sens de la révolution* ; lorsque législateurs et
juges, ils faisoient les lois suivant les circonstances,
et les appliquoient suivant les personnes ; lorsqu'ils
croyoient avoir été au dernier point, où l'on pourroit encore conserver une apparence de monarchie ;
lorsqu'ils dépouilloient la royauté de tout ce qui pouvoit la rendre utile, et ne lui laissoient que ce qui
pouvoit la rendre odieuse, que l'appui le plus frêle,
qui devoit tomber, et qui en effet a disparu au premier souffle.

Si au commencement de la révolution les républicains eussent voulu exécuter leurs projets, n'auroient-
ils pas rencontré les plus grands obstacles ? Auroient-
ils pu même se flatter de réussir ? Ne falloit-il pas que
le peuple fut préparé pour goûter le fatal breuvage
qui devoit le rendre furieux ? Qui a rendu aux *jacobins* cet affreux service ? Quels sont ceux qui les premiers ont annoncé que l'obéissance n'étoit qu'un mot,
et que la révolte étoit un devoir ? Le plus grand coupable dans une révolution, n'est-ce pas celui qui le
premier attaque audacieusement ce qu'on étoit habi-
tué à respecter ? Si le peuple Français n'eût point été
accoutumé au carnage, si depuis long-temps on ne
l'eût pas toujours nourri de sang et d'erreurs, jamais
il n'eût vu tomber la tête de son Roi sans une indignation universelle ; et ceux qui l'ont amené à ce point,
qui ont abattu devant lui toutes les barrieres, qui ont
conseillé, commandé, applaudi, payé ses premiers
crimes, prendroient aujourd'hui le nom de *modérés !*
Sans avoir changé de place, ils se trouveroient mé-
diateurs, en gardant leur poste de conquérans ! Les

limites qui séparent le juste et l'injuste, le bien et le
mal, changent-elles donc au gré de l'intérêt ? Ne
sont-elles pas irrévocablement posées par une main
toute puissante ? Ce ne sont point les *constitutionnels*
qui sont *modérés*, ce sont les *jacobins* qui ont été au-
delà de tout ce que l'imagination avoit encore conçu
de plus affreux : ils ont fait, à la vérité, de nouvelles
découvertes dans *les terres australes de la férocité*;
mais ces découvertes n'étoient que la suite de celles
des *constitutionnels* : à ceux-ci appartient la *gloire*
d'avoir les premiers poussé le vaisseau de l'Etat hors
de toutes les routes connues.

Quelle ressource, juste Dieu ! resteroit-il donc à la
France, si les atrocités des *jacobins* devoient faire oublier ou pardonner les crimes des *constitutionnels* ?
Si, après avoir rougi de partager le nom Français
avec *Mirabeau*, *Bouche* et *Barnave*, il falloit les
trouver moins coupables, parce que d'autres ont en-
chéri sur eux ? Si, après avoir frémi au seul nom de
Rabaud, *Péthion* et *Condorcet*, il falloit les regarder
avec moins d'horreur, parce qu'ils sont effacés par
Marat, *Barrere* et *Roberspierre* ? Et lorsque ces der-
niers seront à leur tour remplacés par de plus grands
scélérats (chose difficile à croire, mais dont la possibilité est trop bien prouvée) à quel terme donc s'ar-
rêtera-t-on ? Que l'on me dise enfin où on fera commencer l'empire des forfaits, lorsque l'on recule si
loin les limites de la vertu. Que l'on me fasse enfin
connoître ce calcul *politique*, qui doit m'apprendre,
avec une horrible précision, combien je puis répandre
de sang, sans passer pour sanguinaire, et commettre
de crimes, sans être criminel.

Tel est, dans la conséquence la plus stricte, l'effroyable chaos que nous ouvre le retour à la Constitution : tel est le vaste champ que toutes les passions
pourront parcourir à leur gré ; et dans lequel elles
seront sans cesse stimulées par l'exemple et par l'espérance du succès.

Ainsi disparoîtront pour jamais ces nuances, ces
gradations, ces principes, d'après lesquels les plus

grands législateurs avoient formé des gouvernemens
sages ; les *Numa*, les *Solon*, les *Charlemagne* ; tous
ces génies vulgaires étoient esclaves des préjugés : ils
croyoient que la morale et la probité étoient nécessaires à l'homme. Elle est brisée cette *chaîne d'erreurs*,
qui cernoit toutes les grandes idées ; il n'existe plus
cet intervalle que la bassesse, l'intérêt ou l'ambition
avoient à franchir pour devenir coupables ; grace aux
conquérans modérés de la France, quiconque voudra
faire révolter impunément une nation, n'aura qu'à la
porter d'abord au-delà du terme, où il veut effecti-
vement la mener ; et lorsqu'elle aura effacé ses premiers forfaits par des forfaits plus grands, il se ser-
vira des seconds pour justifier les premiers : alors il
établira sur ceux-ci le code de sa révolution ; en les
enregistrant à côté de sa nouvelle loi, il leur donnera
la sanction de la volonté générale ; et l'iniquité im-
punie deviendra la justice publique.

Où donc sera la morale du gouvernement ? Où
donc seront les mœurs publiques ? Cette sainte et
grande mission de donner des lois à tout un peuple,
ce sacerdoce politique destiné à *régénérer* la nation,
sera confié à ceux qui l'ont pervertie ! A Sparte, quand
un homme mal-famé proposoit une opinion sage, les
magistrats la faisoient proposer par un autre ; ils ne
vouloient pas qu'on délibérât sur une demande,
bonne peut-être, mais sortie d'une bouche impure.
Et les apôtres de la liberté voudroient l'établir sur
les principes de ceux qui n'en ont aucun ! Il nous faut
un Roi : et nous le demanderions à ceux qui ont enchaîné son vertueux pere ! Il nous faut des lois : et
elles nous seroient dictées par ceux qui les ont anéan-
ties ! Il nous faut des mœurs : et nous les recevrions
de ceux qui les ont impudemment violées ! Il nous
faut la religion de nos peres, et nous nous soumet-
trions à ceux qui l'ont persécutée, et qui auroient
voulu la détruire ! Quel renversement de toutes les
idées ! quel exemple à offrir à un peuple corrompu,
que le triomphe de ses corrupteurs ! quel est donc
ce souffle empesté d'une fausse philosophie qui, pour

dessécher plus sûrement le dernier germe de la vertu,
veut infecter l'autorité qui doit en donner le modèle
et le précepte! quelle est cette pitié, cruelle dans son
inconséquence, qui, pour ramener des hommes éga-
rés, place le fanal qui doit les guider dans la main des
barbares, des aveugles et des insensés! et pour arrêter les entreprises du crime, faut-il donc consacrer
ses succès, et lui assurer l'impunité?

Car ce seroit encore-là une des suites du retour à
la Constitution; et c'est en quoi il seroit contraire
à la justice.

§. IV.

On ne peut sans doute douter que une des premières lois de ces *usurpateurs*, ne soit l'amnistie de
leurs attentats. Je sais que la clémence est le premier
des plaisirs qui puissent délasser une ame royale, et
la consoler de sa grandeur; mais si la clémence est un
plaisir, la justice est un devoir; mais si les Rois sont
les images de Dieu sur la terre, ils ne doivent, comme
lui, pardonner qu'au repentir; mais il est des atrocités dont le caractere, le nombre et les détails sont
au-dessus du pardon; et quand l'honneur de toute
une nation a été flétri par des forfaits qui ont fait
frémir les générations futures, et dont on cherche-
roit en vain des exemples dans les siecles passés,
c'est la société entiere, c'est l'humanité même qui demande alors vengeance. Telles sont celles qui ont en-
sanglanté la France sous le regne des *constitutionnels*.
Qu'il est effrayant le nombre des scélérats qui les ont
servis avec tant de succès! Je suppose qu'il n'y en ait
qu'un par municipalité, ce qui est au moins vraisemblable, et déjà j'en compte plus de quarante-quatre
mille. Cependant si l'on résume tout ce qui s'est passé
depuis la révolution, si l'on peut surmonter assez sa
répugnance, pour mesurer cette masse de corruption
sous laquelle la douceur et la gaieté françaises sont
peut-être à jamais ensevelies, on conviendra que j'ai
fait la part du crime bien petite, que je l'ai traité avec

parcimonie, et que s'il représentoit le régistre san-
glant où sont classés tous ses agens, il auroit encore
de nombreuses réclamations à exercer. A ce ramas
d'administrateurs despotes, à cette horde de sauvages
qu'il faudroit chasser de la terre, et que la Constitution associe au trône, ajoutez ces clubs, ces sociétés,
où la haine, la vengeance et la barbarie écrivoient
avec le sang de l'innocence, les moyens, l'analyse,
le tarif de tous les crimes : ajoutez les débris de la
première assemblée, les successeurs qu'elle se choi-
sissoit, les histrions, les assassins gagés dont elle faisoit des législateurs, dont elle soldoit ainsi le compte
à dix-huit francs par jour ; et dites-moi si l'on peut
encore parler de justice dans un empire ainsi régé-
néré ; où des êtres, avec qui on frémit de partager la
lumière, partageront la souveraineté ; où la législation appartiendra indistinctement aux bourreaux et
aux victimes : dites-moi si tout gouvernement auquel
ils seroient admis, par cela seul ne seroit pas effrayant, et si la justice peut reposer sur les mêmes
bases que leur puissance ?

Quelles lois sortiroient donc de ce monstrueux accord? Quels crimes seroient donc punis par ceux qui
les ont tous commis ou facilités ? Le régicide ? c'est
par eux que le chemin en fut applani : le parricide ?
ils l'ont épargné : l'assassinat ? ils le stipendient : l'incendie ? ils le provoquent : la calomnie ? ils l'encou-
ragent : le sacrilege ? ils le récompensent : l'impiété ?
ils lui doivent tout : le parjure ? ce fut le premier acte
de leur regne.

Assassins, délateurs, incendiaires, profanateurs,
criminels de tout genre et de tout pays, venez alors,
ou plutôt restez en France : elle sera réellement
digne de devenir votre patrie : restez-y pour travailler au code dont elle doit enrichir un siecle de lumieres. Depuis long-temps vous avez pu y apprendre
l'art de commettre impunément les plus grands forfaits ; restez-y pour faire de la loi avilie l'ornement
de votre triomphe, pour devenir les successeurs de
Saint-Louis, les législateurs, les moralistes du genre-
humain.

§. V.

Voilà cependant les hommes devant qui la Constitution traîneroit encore la majesté royale. Est-ce donc là le moyen de la relever aux yeux des peuples, de lui restituer son éclat, de la rendre plus digne de nos hommages ? Lorsque le célébre évêque de Meaux appelloit les souverains *la seconde majesté*, il vouloit environner l'oint du Seigneur de la vénération des sujets ; il savoit que le respect est un des liens de l'obéissance : ce lien est rompu ; ce respect s'est changé en ironie, en mépris ou en cruauté : l'oint du Seigneur a été souillé par des mains infames. Et pour réparer cette profanation, que propose-t-on ? Une constitution qui en a été l'origine et le prétexte ; qui n'a pu défendre le Roi qu'elle avoit avili ; dont les premiers articles avoient été sanctionnés le 5 octobre 1789, et dont les autres le furent au mois de septembre 1791. Quel effet le seul rapprochement de ces dates produira-t-il sur ce vulgaire aveugle, sur cette majorité du peuple, toujours stupide ou barbare, qui juge des actions par les succès, et des hommes par les honneurs ? Quels sentimens lui inspirera-t-il pour le Roi ? quelques instans peut-être de cette compassion dédaigneuse qu'un reste d'humanité peut encore accorder à la victime que l'orgueil a terrassée : mais à côté de cette compassion passagere, ce peuple placera toujours le souvenir journalier de son audace et de ses succès ; dans le captif couronné, qu'il aura une seconde fois enchaîné sur le trône, il ne verra qu'un phantôme sans force, sans honneur et sans dignité ; il n'y verra plus le choix, l'ouvrage de Dieu même ; il n'y verra que son propre choix, son ouvrage, ou plutôt le jouet de son caprice, de sa rebellion, de son anarchie ; et comme il ne sera pas en son pouvoir de craindre encore ce qu'il ne respectera plus, d'obéir à une ombre qui ne pourra plus commander, le retour à la Constitution ne ramenera pas la tranquillité publique.

§. VI.

Ceux qui ont éprouvé l'ivresse du pouvoir, qui en ont retiré quelques profits, ne fût-ce que pendant peu de temps, ne pourront jamais l'abandonner volontairement (1).

En effet, lorsque le peuple s'est une fois livré à la révolte, toutes ses habitudes ont été changées, toutes ses idées ont été renversées. Il avoit une marche tranquille, progressive, uniforme d'occupations utiles qui fournissoient à ses besoins; et transporté tout-à-coup au milieu des secousses des insurrections, il se trouve momentanément alimenté par son oisiveté : il voyoit chaque jour l'échelle des conditions; il la croyoit utile à sa subsistance, nécessaire à la société, établie par la Providence même; et tout-à-coup il se trouve sur une surface unie, où il n'apperçoit d'autres inégalités que celles que produit le droit du plus fort, et où il peut insulter ceux dont jusques-là il recevoit son salaire, ou sollicitoit des secours. Il vivoit sous l'inspection des lois qui gênoient quelquefois ses inclinations, et il acquiert le pouvoir de les abroger. Il n'osoit mesurer l'intervalle qui le séparoit du trône, et il foule ce trône aux pieds. Il parloit avec respect de son souverain, et il le devient lui-même. Quelle étonnante métamorphose dans tout son être ! Quelle jouissance inconnue charme tous ses sens ! Dans ce nouvel ordre de choses, dans cet état antisocial, sans doute il sera conduit, parce qu'il doit l'être toujours; mais entraîné sans savoir où il va, il croira suivre son penchant, lors même qu'il suivra l'attraction d'un aimant invisible pour lui : à peine en possession de la souveraineté, il est déjà enivré par l'adulation : il n'a point encore de sujets, et déjà il est assailli de flatteurs.

Dans cette position, un retour volontaire à l'ordre,

_____

(1) Burke.

seroit-il durable, seroit-il même possible ? On égare
le peuple plus aisément qu'on ne le ramene ; le délire
de l'orgueil et de la nouveauté ne peut sitôt céder
aux reproches d'une raison sévere ; il faut contenir
légalement, il faut punir avec justice des hommes
rois, qui se flattoient d'être au dessus de la loi même ;
et une terreur habituelle peut seule leur faire oublier
une séduction à laquelle ils se sont livrés avec transport.

Ce n'est pas tout : le peuple eût infailliblement fini
par devenir l'esclave et la proie des imposteurs qui le
conduisoient à leur but ; mais ils ont été obligés de
commencer par l'abandonner à sa licence ; c'est donc
à l'instant où il est le plus enivré du plaisir et du profit
de l'insubordination qu'on lui adresse les paroles
austeres de la regle et du devoir ; si ces paroles ne sont
pas accompagnées d'une grande puissance coactive ;
si elles ne sont pas fortement prononcées par une
voix élevée qui imprime le respect, et qui commande
le silence, il est douteux qu'elles soient entendues,
il est sûr qu'elles ne seront pas suivies.

Que sera-ce si les regrets du peuple sur sa grandeur
passée sont sans cesse entretenus par ceux qui fon-
doient sur elle l'espérance de la leur ? Si eux-mêmes
lui retracent souvent avec une complaisance perfide
la portion de pouvoir qu'il aura été obligé d'abandonner pour s'assurer le reste ? N'en conclura-t-il pas
qu'il peut, dans une seconde guerre achever une conquête qui n'est pas encore complette ? N'aura-t-il pas
d'autant plus de moyens pour attaquer celui qu'il regardera comme son ennemi, que cet ennemi, c'est-
à-dire, son Roi, en aura moins pour se défendre ?
Et n'est-ce pas ainsi que Rome ditoit la ruine de ses
rivaux, plus encore par ses traités que par ses armes ?

C'est évidemment ce qui arrivera en France, si on
y rétablit la Constitution. Depuis quatre ans le peuple
ruiné, n'a pratiqué que des maximes de l'insurrection : par tout ce poison s'est répandu : il n'est point
de classes, de corporations, où il n'ait fait les plus
grands progrès ; il est devenu la nourriture journa-
lière,

liere , l'ambrosie de ces dieux nouveaux. Or , je le demande : Est-ce avec la Constitution qu'on peut espérer d'en arrêter les effets ? Ses lois n'ont-elles pas toutes été faites pour récompenser, pour consacrer, pour exciter les mouvemens populaires ? Ne mettent-elles pas toutes les classes de la société au pouvoir de la classe la plus vile et la plus nombreuse ? Un homme , dont le témoignage ne peut pas être suspect, que les usurpateurs *constitutionnels* appelloient leur oracle, *Jean-Jacques*, semble avoir fait une prédiction, que nous étions malheureusement destinés à accomplir, lorsqu'il s'écrie avec effroi : *Qu'on juge du danger d'émouvoir une fois les masses énormes qui composent la monarchie Française ! Qui pourra retenir l'ébranlement donné, ou prévoir tous les maux qu'il peut produire ? Quand tous les avantages du nouveau plan seroient incontestables, quel homme de sens oseroit entreprendre d'abolir les vieilles coutumes, de changer les vieilles maximes, et de donner à l'Etat une autre forme que celle où l'a successivement amené une durée de treize cens ans* (1).

Il ne parle que du *danger d'émouvoir les masses de la monarchie*; et ces masses, la Constitution les a renversées : il ne parle que d'un *ébranlement donné*; et la Constitution s'est entourée de ruines : il suppose au *nouveau plan des avantages incontestables*; et les inconvéniens de celui dont nous avons déjà fait l'essai, sont nombreux et reconnus. Quel *homme de sens* osera donc soutenir que ce plan rétablira la tranquillité ! *La seule introduction du scrutin devroit faire un renversement épouvantable, et donner plutôt un mouvement* CONTINUEL ET CONVULSIF *à chaque partie, qu'une nouvelle vigueur au corps* (2).

Quel est donc l'Etat auquel on veut nous ramener? *Un mouvement continuel et convulsif.* Voilà le sort de la France, tel qu'il a été depuis 1789, tel qu'il sera

_____

(1) *Rousseau*, jugement sur la Polysynodie.

(2) Ibidem.

H

encore sous la Constitution, tel qu'il a été prévu et
annoncé par l'auteur même du *Contrat social*, par un
des hommes qui connoissoient le mieux le cœur humain; par un écrivain dont l'imagination vive et facile
à exalter, adoptoit également une vérité solide et un
paradoxe brillant; mais à qui une grande justesse d'esprit inspiroit, souvent malgré lui, des réflexions sages
qui détruisoient ses faux principes.

Enfin, en supposant même, contre l'expérience et
la raison, que les lois *constitutionnelles* soient aussi
sages qu'elles sont absurdes, il ne suffira pas de les
admirer dans la spéculation : quelque belle qu'en soit
la théorie, elles seront inutiles, si elles ne peuvent
s'exécuter. Par quels moyens assurera-t-on leur exécution ? Dans un état quelconque le maintien de l'ordre
ne s'opère que par la force publique ; or, la force
publique n'existe pas quand tout le monde a la force
en main : alors on n'est plus en état de société, on est
en état de guerre ; on vit sous le pouvoir du plus
grand nombre, c'est-à-dire, sous la loi du plus fort.
C'est cependant ce *plus grand nombre* qu'il faut arrêter ; c'est lui qu'il faut faire obéir ; pour l'y contraindre, on n'aura d'autre force à employer que la sienne ;
donc on n'en aura aucune. Ou, si quelquefois il permet d'employer sa force avec succès, c'est quand il
pourra croire que la cause pour laquelle on veut le
faire agir lui sera utile : mais alors il se constitue juge
de la loi dont il ne devroit être que l'agent : et dans
toute autre occasion, au-lieu d'en attendre des secours, il n'en faut attendre qu'inertie ou résistance.

Ainsi le veut impérieusement la nature de l'homme;
ainsi le dit le plus simple bon sens; ainsi le prouve ce
que nous avons vu depuis la révolution. Que le passé
nous serve au moins à juger l'avenir : cette leçon
nous aura coûté assez cher. Ces gardes nationales,
ces millions d'hommes armés ont établi, il est vrai,
la Constitution ; mais ce sont eux qui l'ont détruite ;
jamais elle n'a pu les employer contre ce qu'ils ont
cru être leur intérêt. Ce pouvoir, que toutes les *adresses*, tous les *sermens* n'ont pu lui donner, le trouvera-

t-elle dans les intentions des républicains qui ont dé-
voué (justement) à la critique, au blâme, au ridi-
cule le *gouvernement constitutionnel* ? l'exercera-t-
elle constamment, uniformément, sans obstacle, sur
une multitude à qui on a fait connoître sa force, et
qui verra diminuer et restraindre le profit qu'elle en
tiroit, et l'usage qu'elle en faisoit journellement ?

Je ne puis me résoudre à discuter sérieusement de
pareilles questions, il suffit de les énoncer, pour
faire sentir qu'on ne peut y répondre que par la négative la plus absolue.

Je conclus donc qu'il n'y aura pas de tranquillité
publique, parce qu'il n'y aura pas de lois ; je dis qu'il
n'y aura pas de lois, parce que, fussent-elles bonnes,
elles ne pourront être exécutées ; je dis qu'elles ne
pourront être exécutées, parce qu'il n'y aura pas de
force publique ; je dis qu'il n'y aura pas de force publique, parce qu'il y aura des millions de forces particulieres ; et que la Constitution qui les a formées,
qui les a armées, qui les a soudoyées, a toujours été
dans leur dépendance, jusqu'au moment où elle est
tombée sous leurs coups.

La mauvaise foi la plus caractérisée, les intentions les plus criminelles et les plus perfides, sont
donc seules capables de vouloir encore présenter
cette Constitution comme le remede des maux qu'elle
a produits, comme devant rendre le calme à la France,
tandis qu'en y perpétuant le désordre, elle troublera
la tranquillité de toute l'Europe.

§. VII.

Ce dernier danger, suite inévitable de la Constitution, est si évident, l'expérience en a donné une si
grande preuve, cette preuve a été sur le point de devenir si terrible, si universelle, qu'il suffit des réflexions les plus simples, pour ramener chacun à celles
qu'il doit et qu'il peut faire en lui-même.

Une politique vulgaire et vicieuse a pu, dans les premiers momens de la révolution, voir avec quelque

plaisir les coups que la France se portoit à elle-même ;
et songer à ce qui pourroit en résulter pour l'avantage
apparent des autres Etats. Mais dès que les *consti-*
tutionnels eurent fait la déclaration des droits, tout
gouvernement sage et prévoyant dut entendre dès
lors le tocsin de l'insurrection, dut voir le signal de la
révolte, dut pressentir que cette déclaration étoit un
texte séduisant, dont par tout chacun pouvoit tenter
de faire le commentaire ; et il ne fut plus permis d'en
douter, lorsque le projet réel de ces *usurpateurs*
philantropes eut été annoncé par le discours de M.
Duport.

La guerre, dans laquelle étoient alors engagées
deux grandes puissances de l'Europe, laissoit aux
constitutionnels le temps de travailler les peuples étrangers, comme ils travailloient leur malheureuse patrie ; et quiconque parcourut à cette époque ou a par-
couru depuis, les provinces voisines de la France,
n'a pu voir qu'avec douleur combien les principes
révolutionnaires avoient fait de progrès. Des yeux
plus observateurs virent dès-lors que ces principes
s'étoient glissés beaucoup plus loin : qu'ils avoient
pénétré jusques dans les cours, jusques dans les ca-
binets, peut-être même encore plus haut...... Il est
certain que l'Europe fut alors menacée d'une invasion
beaucoup plus effrayante que celle des barbares qui
la dévastèrent autrefois ; et lorsque le temps qui met
chacun et chaque chose à sa place, aura permis de
déchirer le voile qu'aujourd'hui la prudence ne permet
même pas de soulever, l'impartiale vérité de l'histoire
donnera aux siecles à venir une grande leçon.

Quelle étoit, cet hiver (1793), la position d'une partie
de l'Europe, depuis les côtes de l'Océan jusqu'à celles
de la Méditerranée ? Quels maux l'accabloient déjà ?
De combien de malheurs a-t-elle été préservée par la
savante retraite des Autrichiens, et la levée du siege
de Maëstricht? En songeant à ces événemens décisifs,
il n'est aucun Français, il n'est aucun être pensant,
quelque pays qu'il habite, qui ne doivent prononcer
avec vénération et reconnoissance les noms de *Co-*

bourg et de *Clairfait*, qui ne doive sentir que la destinée des générations présentes et futures a été fixée par le génie militaire de ces deux héros.

Je sais bien que les *constitutionnels* voudroient rejetter sur les *jacobins* les excès qui se commirent alors; mais c'est en cela même qu'ils sont plus dangereux : les *jacobins* ont irrité, par leurs pillages et leurs profanations, les pays qu'ils avoient envahis : mais quelqu'affreuse qu'ait été leur conduite, il en est résulté un bien : elle a servi à éclairer les peuples ; et l'homme doit se trouver encore heureux, lorsque le malheur le ramène à la vérité. Les *jacobins* ont appris au peuple, et peut-être eux seuls pouvoient-ils lui apprendre, que la société ne peut être tranquille et florissante, qu'en se soumettant aux lois de ceux que la Providence a fait naître pour gouverner.

Voilà ce que craignoient les *constitutionnels*, voilà ce qu'ils vouloient éviter. Ce n'étoit point l'amour de l'humanité qui s'indignoit contre les excès des *jacobins*, c'étoit le désespoir de voir que ces excès ouvroient, et ouvroient pour toujours les yeux de ceux qui en étoient victimes. C'étoit pour cela que le perfide *La Fayette*, lors de la pompeuse invasion qu'il fit dans un coin du Brabant, affectoit une cruelle modération : c'étoit pour cela que ce *Dumourier*, alors son rival en esprit factieux, devenu depuis son maître en perfidie, et aujourd'hui son égal en nullité, auroit voulu peut-être arrêter les brigandages des *Sans-culottes* dont il se glorifioit d'être le général. C'est pour cela enfin que les principes des *constitutionnels* deviendroient encore plus dangereux, s'ils étoient consacrés par le retour à la Constitution, proposé, accepté, exécuté au milieu des triomphes des puissances étrangères. En vain, ces puissances diroient-elles qu'elles n'entendent pas s'immiscer dans le gouvernement de la France : chacun sentiroit que trois cens mille hommes vainqueurs, établis, retranchés dans plusieurs provinces d'un grand empire, s'immisceroient nécessairement, ne fût-ce que par leur silence ou leur inaction, dans le changement qu'éprouveroit son gou-

H 3

vernement. Les *constitutionnels* ne manqueroient
pas de faire valoir à leur avantage cette observation ,
à laquelle il seroit difficile de répondre. Ils auroient
toujours leur propre exemple à offrir aux peuples étrangers pour les exciter à la révolte ; ils leur persuaderoient
que leurs souverains se sont jugés et exécutés d'avance ;
qu'en envoyant de grandes forces en France , favoriser ou tolérer l'établissement de la Constitution , ils
ont consommé des hommes et des trésors , pour apprendre à leurs sujets que des factieux ont toujours
droit de faire une révolution , qu'il ne s'agit que de
se faire absoudre par le succès. Avec quelle sécurité
la Constitution étendroit alors ses principes ! avec
quelle satisfaction elle jouiroit de l'embarras du prince
auquel ses peuples viendroient dire : » Vous avez ,
» n'importe comment , la souveraineté : elle nous
» appartient : elle est imprescriptible : nous venons la
» reprendre : nos titres sont la déclaration des droits
» de l'homme , et le calcul sans réplique de plusieurs
» millions d'individus contre un ».

Si de pareils événemens pouvoient arriver , si un
pareil langage pouvoit être tenu , si les souverains
avoient fait l'irréparable faute de se mettre volontairement dans l'impossibilité d'y répondre , il ne resteroit plus au sujet fidele et vertueux qu'à mourir avec
résignation et courage , en demandant au Ciel de
prendre pitié de la postérité.

Je ne croirai jamais qu'il ait été un seul instant
où l'on ait dû , où l'on ait pu avoir réellement cette
crainte. Qu'importe que le courage et la loyauté aient
été momentanément le jouet des basses et éternelles
intrigues des *constitutionnels* ? Qu'importe qu'un *Dumourier* ait tendu lâchement des piéges à l'héroïsme
qui lui tendoit les bras ? Il n'en est pas moins vrai
que l'Allemagne , la Prusse , la Russie , la Hollande ,
l'Angleterre , le Portugal , l'Espagne , la Sardaigne ,
etc. sont armées pour assurer le repos des gouvernemens , et par conséquent le bonheur des peuples.

Et ici se présente une réflexion sur laquelle il est
difficile de ne pas s'arrêter.

Les forces combinées, qui ont déjà pénétré en France, sont sans doute plus que suffisantes pour écraser les factieux. Mais dans une coalition, formée pour le soutien d'une cause qui est la cause de tous les peuples, autant que de tous les Rois, qui est la cause de l'humanité entière, on regrette de trouver quelques exceptions. Le vrai philosophe, le politique sage auroit désiré que cette époque, la plus grande, la plus instructive que l'histoire puisse graver dans les annales du monde, fût celle d'un accord universel, comme elle étoit celle d'un danger général. Il auroit voulu que tous les États, quels qu'ils fussent, se réunissent, parce qu'ils sont tous attaqués ; que lorsque les fondemens de toutes les sociétés sont ébranlés, il n'y en eût aucune qui crût pouvoir se dispenser de contribuer à les raffermir ; non pas pour ajouter à une force déjà irrésistible, mais pour qu'on ne soupçonnât pas cette société d'être indifférente sur un aussi grand intérêt, ou de le faire céder à quelques fausses spéculations mercantilles ; pour qu'aucun des membres qui la composent ne pût penser qu'une politique bien ou mal entendue doit quelquefois l'emporter sur la morale ; pour que, si cette société avoit eu jusques-là une existence fondée sur l'estime qu'inspiroient ses principes, on ne la crût pas capable d'en adopter d'autres, qui changeroient cette estime en un sentiment tout opposé : enfin pour qu'elle ne s'exposât pas à la honte d'être comptée pour rien au milieu des grands efforts qui se feroient autour d'elle, et de devenir le refuge des séditieux qui seroient proscrits par-tout ailleurs.

Au reste, quelqu'inutiles regrets que se préparât la société qui auroit un pareil reproche à se faire, les *constitutionnels* n'en échapperoient pas plus au sort qui les attend : ils le savent, ils le méritent, ils le craignent : ils cherchent à l'éviter ; mais leurs efforts sont vains : tous les faux calculs de l'avantage ou de l'intérêt du moment sont effacés par le grand, par l'éternel intérêt de toutes les nations et de tous les siecles ; point de tranquillité en Europe, avec une Constitu-

H 4

tion qui légaliseroit la révolte de la France ; point de
tranquillité en Europe, tant que la France, devenue
même tranquille en apparence, présenteroit à la rebellion l'exemple séduisant du succès et de l'impunité.
Il seroit ennemi de l'humanité, autant que de son
souverain, le ministre qui oseroit proposer à son
maître de *tolérer* cette Constitution, qui, sous le prétexte d'avancer la paix de quelques mois, prépareroit
des siecles de malheurs. Ce ministre n'existera point :
c'est assez, c'est trop pour la génération présente
d'avoir produit un *Necker* : il ne peut s'en trouver un
second.

Croyons plutôt (après tant de réflexions pénibles
et douloureuses, il est permis de se livrer à une idée
consolante) croyons que de cette commotion générale il peut résulter un calme universel, que chaque
Etat emploiera à perfectionner *lentement* le gouvernement sous lequel il s'est maintenu. Croyons que la
grande famille répandue dans le continent Européen,
éclairée sur ses devoirs, plus que sur ses droits, par
l'incendie qui a dévasté la France, s'occupera à consolider les bases de la félicité publique. Mais pour
cela que tout l'ouvrage des *constitutionnels* périsse à
jamais : que leur Constitution soit éternellement ré-
prouvée par l'intérêt de l'Europe dont elle troubleroit
la tranquillité, par l'intérêt de la France dont elle
perpétueroit les désordres, par la majesté royale dont
elle acheveroit la dégradation, par la justice dont elle
arrêteroit la vengeance, par la morale dont elle ren-
verseroit les principes, par le vœu national dont elle
contrediroit l'expression, par la Religion dont elle
consommeroit la ruine.

TROISIEME QUESTION.

Faut-il faire un accommodement ?

LEs vices sans nombre de la Constitution ont été dès long-temps avoués par plusieurs de ceux qui en avoient posé les premieres bases. Quand ils ont vu qu'elle ne pouvoit subsister, ils se sont empressés de l'attaquer; non pas pour renverser entièrement ce nouvel édifice déjà chancelant, mais dans l'espérance de choisir parmi ses débris pour travailler à le reconstruire, dans l'intention sur-tout de n'employer aucuns matériaux de l'ancien : les différens ouvrages qu'ils ont fait imprimer pour le soutien de leur système donnent toujours pour mot de ralliement *la proscription de l'ancien régime.* Quoique le premier objet de leur ambition leur ait échappé, ils ne l'ont jamais perdu de vue : ils se sont toujours méthodiquement indignés contre les *effets* nécessaires des *causes* qu'eux-mêmes avoient établies ; et ils n'ont jamais envisagé les maux publics que comme un obstacle au retour de l'ancien régime, et une préparation à un *accommodement.*

Ces hommes semblent destinés, par une juste vengeance du Ciel, à être éternellement le jouet des factions dont ils ont commencé par emprunter le secours. *Jamais ils ne peuvent obtenir la liberté pour eux ; jamais ils ne peuvent en faire jouir leurs concitoyens* (1).

Ils ont toujours dit qu'il falloit *traiter ;* ils ont toujours annoncé la nécessité d'un *accommodement* ; et en ce moment sur-tout ils renouvelleront tous leurs efforts.

Je les ai déjà repoussés par les principes que j'ai établis dans la seconde Partie de cet ouvrage, et que

(1) Burke.

j'ai rappellés et appliqués dans celle-ci, pour l'examen des deux premieres questions. J'ai donc déjà prononcé d'avance la négative de la troisieme. Je supplie le lecteur, si ces principes lui ont paru certains, d'en faire lui-même l'application.

Toujours appuyé sur eux, parce qu'eux seuls peuvent me garantir de l'erreur, je n'ai point à examiner quel seroit l'*accommodement* qu'on pourroit proposer : tout ce qui en porteroit le nom, tout ce qui en auroit l'apparence, seroit un changement dans notre constitution. Or, tout changement dans notre constitution seroit impossible (1), parce qu'il seroit injuste ; injuste en lui-même ; injuste en raison de ceux qui y coopéreroient.

Pour que ce changement pût se faire sans injustice, il faudroit qu'il fût conforme au vœu général, ou que le Roi eût le pouvoir de l'ordonner.

1°. Le vœu général est connu, et ne peut l'être que par les mandats donnés aux députés. Que portent ses mandats? Je l'ai dit : j'ai déjà prouvé que le vœu étoit de réformer, et non de détruire ; d'empêcher l'abus des lois, et non de les changer ; de suivre notre constitution, mais sans en altérer un seul article. C'est pour cela qu'avant de changer la constitution, on a écarté les cahiers ; c'est pour cela que l'Assemblée *prétendue constituante* rappelloit impérieusement à l'ordre quiconque osoit lui parler du titre de sa création.

On me dira peut-être que, si la nation se rassembloit aujourd'hui, elle feroit connoître que son vœu est pour changer son ancienne constitution. Je répondrai d'abord que ce seroit une grande erreur de croire que ce qui pouvoit se faire en France, à l'ouverture des Etats-Généraux, peut encore se faire actuellement. Que cette erreur est détruite par une pensée profonde de M. Burke : *Si les plans ne conviennent point aux hommes, aussi-bien qu'aux choses,*

_____

(1) Premiere question : voyez *impossibilité morale*.

ceux qui sont le mieux combinés peuvent devenir non-seulement inutiles, mais même dangereux et nuisibles. Je répondrai par ce mot, la regle éternelle de tout sage législateur, qu'*Il ne faut pas donner à un peuple les meilleures lois possibles, mais les meilleures qu'il puisse supporter.* Je dirai que si la nation assemblée (en supposant que la nation Française puisse jamais l'être, et sur-tout à présent) exprimoit le vœu de restreindre l'autorité royale qui seule peut la sauver, et de changer une constitution, qui, tant qu'elle a été observée, l'a préservée des malheurs qu'elle éprouve, elle voudroit sa perte ; que par conséquent elle seroit encore en état de délire, et par cela même hors d'état de *vouloir.*

Quelque soit l'accommodement qu'on lui propose-roit, ce seroit pour elle une nouveauté. Est-elle dans une position à faire des essais ? Ne prouveroit-elle pas sa démence, par cela seul qu'elle préféreroit ce qu'elle ne connoît pas encore, à ce dont elle a fait une si longue et si heureuse épreuve ? Et qu'ameneroit ce changement ? Un état stable, dont le bonheur et la durée répareroit nos désastres ? Non, les plus grands partisans d'un accommodement, ceux même qui n'ont pas manqué une occasion de *déclamer* en sa faveur, n'osent pas s'en flatter : ils ne portent pas leurs vœux si haut ; ils n'osent espérer ; ils n'osent promettre qu'*un état seulement tolérable* (1) : mais comme il seroit le fruit de *la conciliation*, ils *le préferent* (le croiroit-on ?) *à un état plus parfait qu'ameneroit une violente secousse.*

Ce mot seul les juge et les condamne : un *état seulement tolérable,* après la révolution, seroit pour la France un état mortel.

Je demanderai ensuite comment l'idée de rassembler le peuple Français en corps délibérant peut entrer dans la tête de tout homme sensé qui a suivi la marche de la révolution ; comment on peut croire

---

(1) *P. S.* De M. de Tollendal à M. Burke, 9 juillet 1791, *page* 14.

qu'une nation, qui depuis quatre ans n'a connu ni
mesure ni borne dans ses plus criminelles entreprises,
fera tout à-coup un retour miraculeux sur elle-même,
et se placera par inspiration au point fixe où elle
pourra juger ses véritables intérêts. Je demande comment se formeront les premieres assemblées ? qui y
appellera ceux qui doivent les composer? qui en ex-
clura ceux que leur état ou leur conduite doivent en
écarter ? qui y maintiendra l'ordre, la sureté des personnes, la liberté des opinions ? Si l'on veut savoir ce
que seroient ces assemblées, tenues à la fois dans
tout le royaume, il n'y a qu'à voir ce qu'étoient les
séances des trois assemblées dites *nationales*, et celles
des assemblées primaires de 1790, 1791, 1792. Dans
l'examen de la derniere question je prouverai d'après
Jean-Jacques, que le moment des grands troubles ne
peut jamais être celui d'une délibération législative.

Mais quand même, ce qui est impossible, la voix
des gens biens intentionnés ne seroit pas étouffée, il
est aisé de prévoir ce que ces assemblées produi-
roient ; chacun, même parmi ceux qui auroient les
vues les plus droites, donneroit ses idées comme les
regles du meilleur gouvernement : chacun verroit
avec chagrin un autre plan l'emporter sur le sien :
delà le désir, et conséquemment l'espoir d'un autre
changement : ceux dont les idées auroient été reje-
tées croiroient avoir, et auroient en effet autant de
droit de les représenter, que ceux qui auroient fait
adopter les leurs : il y a plus : celles qui auroient pré-
valu, seroient nécessairement, dans la pratique, su-
jettes à des inconvéniens ; c'est par-là qu'on les atta-
queroit, en leur opposant une théorie, toujours
séduisante dans la spéculation, mais qui, dès qu'on
l'auroit adoptée, trouveroit dans l'exécution les mêmes
difficultés.

Ce seroit donc s'exposer sans aucune utilité réelle,
et avec un danger certain, à une alternative, ou au
moins à une inquiétude perpétuelle dans toutes les
parties de l'administration.

2°. Ce changement dans la Constitution, qui seroit

injuste, s'il n'est pas conforme au vœu général, le
seroit encore, si le Roi n'a pas le pouvoir de l'ordonner.

Or, quels sont les devoirs du Roi? De maintenir les
prérogatives du trône, de protéger et de défendre la
personne et les propriétés de chacun de ses sujets.
Les droits de la couronne lui appartiennent-ils, ou
appartiennent-ils à la nation? En est-il usufruitier ou
propriétaire? Peut-il les aliéner, les dilapider à son
gré, ou doit-il les transmettre comme il les a reçus?
Chargé de défendre tous les ordres de l'Etat, peut-il
sacrifier la fidélité des deux premiers à la rebellion
du troisieme? Ne seroit-il pas nul le traité par lequel
le Roi détruiroit ce qu'il est obligé de maintenir? Ne
sont-ce pas là les bornes de sa souveraine puissance?
N'est-ce pas jusqu'à ce terme qu'elle peut aller, sans
jamais passer au-delà? Est-il sur la terre un pouvoir
au-dessus de la justice? Et n'est-ce pas elle seule qui
limite le pouvoir de la Divinité même?

Si de la these générale je viens aux circonstances
dans lesquelles nous sommes, l'argument sera encore
plus pressant. Ce qu'un Roi majeur ne pourroit pas
faire, un Roi mineur le pourroit-il davantage? Une
régence le pourroit-elle pour lui? Qui oseroit mor-
celer cette substitution, le patrimoine de nos descen-
dans, et préparer à la révolte de nouveaux moyens?
Qui oseroit, en diminuant l'autorité royale, indiquer
qu'avec des attaques successives on pourra enfin
l'anéantir?

Que l'on rapproche de ces questions les principes
que j'ai développés dans le cours de cet ouvrage,
et on répondra, sans hésiter, que tout *accommodement* seroit injuste, c'est-à-dire, impossible.

Ils sont nécessaires ces principes à la tranquillité
de tous les empires : eux seuls peuvent assurer la stabilité des gouvernemens ; sans eux, le consentement
libre de toutes les classes de la société, indispensable
pour changer sa constitution, seroit fréquemment
remplacé par la foiblesse ou l'inexpérience du chef,
par la séduction ou l'intérêt de ses agens, et plus sou-

vent encore par la violence ou la corruption de cette
portion nombreuse du peuple qui, ne devant jamais
avoir le pouvoir en main, cherchera toujours à l'en-
vahir.

Mais ils sont nécessaires, sur-tout pour le rétablissement d'une grande monarchie, dont la constitution
a subi l'épreuve de plusieurs siecles, et, couronnée
par le succès, se défend par son antiquité même.

Que la passion et l'aveuglement répandent avec
profusion, ou adoptent avec crédulité les vagues répétitions du sarcasme ou de la calomnie : ces armes
peuvent faire d'abord de profondes blessures ; mais
elles s'émoussent avec le temps : et pour toutes les
ames droites, pour tous les esprits justes, ce sera toujours une grande et belle conception politique, de
réunir dans une société la Religion, l'honneur et le
travail : de les rendre tellement nécessaires les uns
aux autres, qu'ils soient mutuellement intéressés à leur
défense réciproque, qu'ils puissent se servir toujours,
sans se nuire jamais ; d'établir l'égalité du maintien
des propriétés sur l'indispensable inégalité des conditions ; de montrer au peuple que le fruit de son travail ne lui est assuré qu'autant qu'il respecte les biens
de ceux qui doivent le payer ; de montrer à la noblesse
que ses possessions ne sont florissantes, qu'autant
que ses vassaux sont heureux ; d'attacher la Religion
à la société même, pour rendre les liens de celle-ci
plus indissolubles, en les rendant plus saints ; de réunir tous les intérêts dans la main du Monarque ; de lui
donner tout le pouvoir nécessaire pour les contenir
et les défendre ; de répandre dans toutes les parties
de son empire des conseils, toujours obligés d'éclairer sa religion, pour la préserver des erreurs ; toujours obligés de respecter ses décisions, pour que
l'autorité soit une, active et uniforme ; de faire
rendre la justice en son nom, pour qu'elle soit exactement obéie ; mais d'éloigner de lui la sévérité des
jugemens, de ne lui réserver que l'heureux droit de
faire grace, pour qu'il puisse être craint, sans cesser
d'être aimé ; enfin d'imprimer sur sa personne un

caractere auguste et sacré, de rassembler autour de lui tous les hommages, pour lui apprendre que l'étendue de ses droits doit être la mesure de ses devoirs.

Telle est l'idée que l'on avoit toujours eue de notre gouvernement ; telle est celle que tous les États-Généraux avoient chérie et respectée ; le Monarque étoit absolu, sans être despote : le clergé, la noblesse, la magistrature graduoient la hiérarchie monarchique. La rage immonde, qui a préparé sa destruction par la calomnie, peut bien avoir aussi la bassesse d'outrager ce qu'elle a détruit. Mais au milieu de tant de ruines, ces corps antiques, appuyés encore sur leurs bases, présentent dans leurs débris l'image de leur grandeur, le souvenir de leur utilité, et la nécessité de leur reconstruction.

Dans ce gouvernement, où tout se tient et se correspond, dont toutes les parties ont été unies et amalgamées par la main des siècles, quelle sera celle que l'on sacrifiera sans injustice aux clameurs de l'intérêt, de la vengeance ou de l'ambition ? car je ne peux trouver que ces motifs dans ceux qui désirent un *accommodement* injuste et impolitique ; qui veulent persuader qu'on peut transiger avec le devoir et l'honneur, faire la part de la conscience et celle de la nécessité ; qui, après la crise la plus terrible qu'aucun corps politique ait jamais éprouvé, et à laquelle la force seule de son tempérament l'aura empêché de succomber, ne veulent pas lui laisser ce même tempérament épuré par la maladie, mais aiment mieux risquer de lui en donner un autre, qu'ils ne connoissent pas encore, mais dont leur présomption ne craint point de faire l'essai.

Avec qui traitera-t-on pour parvenir à cet *accommodement*? Ce ne sera pas avec les royalistes, qui ne veulent, et ne connoissent, que l'autorité royale. Ce sera donc avec ceux que j'ai compris indistinctement sous le nom de *constitutionnels*, à quelque degré qu'ils le soient. Or, comment ces hommes, devenus tout-à-coup hommes d'État, se trouvent-ils appelés à le changer? Parce que l'État a été détruit. Par qui?

Par eux-mêmes. Qui leur en avoit donné la mission ?
Personne. Comment y sont-ils parvenus ? En man-
quant à leurs sermens. Ils auront donc acquis le droit
de changer les lois de leur patrie, parce qu'ils se sont
arrogés celui de les anéantir ? C'est exactement ce
qu'ils vouloient : c'est le but vers lequel marchoient,
par des chemins différens, ceux qui se faisoient donner des mandats contraires aux droits des trois ordres,
et aux maximes de la monarchie ; qui encourageoient
les premieres rebellions ; qui détruisoient le royaume
le 4 août 1789 ; qui le 5 octobre, pendant qu'une
armée de Ravaillacs entouroit Versailles, faisoient
accepter, *librement*, par le Roi les premiers articles
constitutionnels ; qui, au mois de juillet 1791, deman-
doient que *l'Assemblée revît ses décrets, et que le Roi*
revît ses sanctions. Chacun d'eux, soit qu'il n'ait tra-
vaillé qu'aux premieres pages de la Constitution, soit
qu'il ait coopéré au code entier, savoit très-bien qu'il
commençoit, ou qu'il finissoit un ouvrage qui ne
pouvoit pas se soutenir ; mais l'ancien étoit détruit,
et c'étoit leur grand, leur principal objet, celui sans
lequel ils ne pouvoient réussir dans leurs projets.
Qu'importe à quelle époque ils ont quitté une assemblée qui devenoit pour eux un obstacle plus à craindre
que l'autorité qu'ils avoient abattue ? Ils l'ont quittée,
quand ils ont vu que l'excès de ses crimes et de ses
folies la conduiroit tôt ou tard à sa perte, et qu'ils
profiteroient bien plus sûrement de sa chute, s'ils
avoient manifesté publiquement leur improbation
contre ses iniques décrets : ils ont quitté une assemblée où ils avoient la certitude de ne plus réussir :
mais ils n'ont pas quitté les principes qu'ils y avoient
apportés, et d'après lesquels ils avoient dirigé les
premieres opérations de cette assemblée ; ces principes les ont suivis dans leur retraite ; l'espoir de les
mettre enfin en pratique a augmenté en proportion
des malheurs de la monarchie ; et ce sont ces principes qui dicteroient un *accommodement !*
Sans doute, *il conviendroit fort* aux partisans de
ces systèmes mitoyens *d'usurper le gouvernement de*
leur

leur pays sous le manteau de la décence et de la modération. Dans la réalité, ils ne méritent d'autres
éloges que celui de s'être engagés dans des entreprises
désespérées avec peu de force d'ame. Ils ne sont pas
justes : seulement ils manquent d'activité et de méthode
dans leurs injustices (1).

C'en seroit donc une de traiter avec eux pour un
accommodement, qui d'ailleurs seroit injuste en lui-
même, et qui de plus ne pourroit jamais convenir à
la France, sur-tout en ce moment. *Les hommes
sont* (2) *en état de jouir de la liberté civile, exactement
dans la même proportion où ils sont disposés à contenir
leurs passions par les liens de la morale ; dans la même
proportion que leur amour pour la justice est supérieur
à leur cupidité ; dans la même proportion où la solidité et la justesse de leur entendement est au-dessus de
leur vanité et de leur présomption ; où ils sont prêts
à préférer les conseils des bons et des sages, à la flat-
terie des frippons. La société ne peut subsister, s'il
n'existe quelque part un pouvoir qui restreigne les
volontés et les passions individuelles ; et moins ce pouvoir a d'énergie et de force dans l'intérieur de la conscience des hommes, plus en faut-il à celui qui leur
est étranger. C'est un décret immuable de l'éternelle
constitution.*

D'après ces grandes et importantes maximes d'une
véritable philosophie, quand même un *accommodement*, quelqu'il fût, ne changeroit pas la Constitution, il faudroit le rejeter, dans un instant où la
France ne peut subsister sans une force unique et active ; force qu'elle ne doit point chercher, qu'elle ne
peut trouver ailleurs que dans l'autorité royale.

C'est la dernière proposition qui me reste à prouver, et que regardera déjà comme démontrée quiconque aura suivi attentivement la marche de cet
ouvrage.

_____

(1) M. Burke.
(2) Ibidem.

I

QUATRIEME QUESTION.

Faut-il revenir à la seule autorité royale ?

JE rappellerai d'abord deux principes généralement avoués et reconnus, qui nécessitoient la ruine de la premiere Constitution, qui nécessitent celle de la seconde, et qui feront toujours tomber tout gouvernement avec lequel ils se trouveront en contradiction.

1°. Pour renouveller le code public d'un grand empire, on doit choisir un moment de calme, parce que c'est celui où l'observateur peut mieux juger. S'il envisage les objets pendant le trouble et la confusion, il ne pourra connoître exactement ni leurs grandeurs, ni leurs inégalités, ni leurs rapports, ni leurs réactions ; toutes choses qu'il doit savoir pour apprécier ce qui doit être supprimé, conservé ou rectifié : il est difficile que ce trouble n'influe pas plus ou moins sur lui : l'agitation plus ou moins grande de son ame doit nuire à la précision de ses observations ; on ne juge bien les choses que lorsqu'on les voit sous leur véritable point de vue ; et pour cela il faut être sur un point ferme et tranquille. Quand *Newton* et *Galilée* arrachoient le secret de la nature, et découvroient dans la sphere la marche planétaire, ils fixoient leurs instrumens sur un terrain ferme et immobile. *Rousseau*, dans cet ouvrage où se trouve à chaque ligne la condamnation de l'Assemblée qui en a déifié l'auteur, regarde la tranquillité du peuple à qui on veut donner des lois, comme une *condition qui ne peut suppléer à nulle autre, mais sans laquelle elles sont inutiles* (1).

2°. L'instant où un Etat s'ordonne est celui où l'inspection de l'autorité doit être la plus active. Les

_____

(1) Contrat social.

lois peuvent ensuite régler ou diminuer cette autorité : mais pendant qu'on les établit, et jusqu'à ce que leur pouvoir soit assuré, il en faut un qui maintienne chacun à sa place, au milieu de l'impatience, de la fermentation, de la crainte, de l'espoir que doit occasionner un si grand intérêt. Jusqu'à ce que chacun soit venu prendre le poste qui lui est assigné, il faut une surveillance continue, qui l'empêche de s'écarter d'un côté ou d'un autre, et de profiter du moment où *le bataillon s'ordonne* (1), pour y porter le désordre et la confusion.

Ces principes servent de réponse à ceux qui, regrettant trop tard les sacrifices auxquels se prêtoit en 1789 la bonté de Louis XVI, voudroient prétendre que ces sacrifices sont acquis à la nation, et qu'elle a le droit de les redemander.

Premièrement, c'est une grande erreur de croire que ces sacrifices lui soient acquis. Des offres lui ont été faites : mais elle ne les a point acceptées : les bienfaits de son Roi lui ont paru des outrages : *constitutionnels* ou *jacobins*, *impartiaux* ou *modérés*, il n'y a point eu chez eux de scission, leur criminel accord a été unanime, pour repousser avec une séditieuse indignation la déclaration du 23 juin 1789; ils ont crié anathême sur leur Roi, quand il a dit que seul il vouloit faire leur bonheur : les graces qu'ils ont refusées alors, ils ne peuvent les réclamer aujourd'hui : le refus audacieux d'une rebellion sanguinaire ne peut leur avoir acquis les mêmes droits qu'une acceptation soumise et reconnoissante ; et qu'ils ne viennent pas imputer ce refus aux partis qui ont triomphé depuis : leur refus, je le répete, a été unanime : leur révolte en ce moment a été générale : il n'y a point eu de protestation ; tous, sans exception, ont dit que la volonté, que la dignité nationales étoient méprisées, parce que tous ont senti que leurs projets étoient renversés : c'est le calcul de leur or-

_____

(1) Contrat social.

gueil qui a fait la révolution ; et il y auroit plus que
de l'impudence de leur part à présenter comme un
titre de réclamation, ce qui doit être l'objet éternel
de leur repentir. Sans doute il en est parmi eux qui
gémissent sincèrement des malheurs qu'ils ont attirés
sur leur patrie : je crois à leurs remords : je respecte
leur douleur ; mais s'ils *osoient* redemander ce qu'ils
ont *osé* refuser alors, ce seroit contre eux qu'il faudroit s'élever directement : je suis bien sûr que j'en
aurois le courage ; et je tâcherois d'en avoir la force.

Secondement, il ne faut pas séparer ces sacrifices
de l'esprit dans lequel ils ont été faits ; peut-être alors
pouvoient-ils opérer le bien du royaume, ou au moins
empêcher sa ruine. Aujourd'hui, loin de tarir la
source des maux publics, ils lui fourniroient un nouvel aliment.

A cette époque, l'esprit de liberté s'étoit déjà manifesté dans le royaume ; mais l'obéissance étoit encore
un devoir : le monarque étoit respecté : la marche de
l'administration avoit son activité ordinaire ; tous les
ordres sentoient la nécessité des réformes, tous s'ac-
cordoient pour les demander ; l'égalité de la contribution étoit convenue ; le gouvernement épuré alloit
reprendre une vigueur nouvelle ; le Roi consentoit à
tout, ne conservoit aucune prétention qui pût in-
quiéter ; jamais une nation n'eût et n'aura une plus
belle occasion d'opérer le bien, sans inconvénient,
de se réformer sans s'affoiblir, de rajeunir son tempérament, en gardant tous les traits d'une vieillesse
respectable. Quelques mauvaises dispositions qui
eussent éclaté le 17 et le 21 juin, tout étoit appaisé
par la déclaration du 23.

Mais aujourd'hui tous les liens de respect, d'amour,
de soumission sont rompus. Le peuple (comme je l'ai
déjà remarqué) ne peut honorer que ce qu'il craint ;
et maintenant c'est lui qui inspire la terreur : il ne
peut aimer que ce qu'il honore ; et maintenant il insulte aux objets les plus sacrés de sa vénération : on
lui a prêché l'insurrection comme un devoir ; on lui
a montré l'anarchie comme un gouvernement ; on lui

a payé la licence comme une profession ; on lui a dit, que la Religion étoit à charge à l'Etat ; que le clergé retenoit les biens de la nation ; que la noblesse exer-çoit sur ses vassaux le despotisme de la féodalité ; que ses magistrats avoient trahi sa confiance : on lui a appris que les formes de la justice n'étoient pas faites pour lui ; que lui seul avoit droit d'être, tout-à-la-fois l'accusateur, le juge et le bourreau. Ces idées ont été saisies avec transport, répandues avec enthousiasme, réalisées avec fureur. Elles sont de-venues une habitude : ce germe funeste a trouvé, sur-tout dans la capitale, un terrain propre à son développement ; il s'y est nourri de corruption ; il y a jeté des racines profondes : il a empoisonné par ses fruits un peuple affamé de nouveautés.

Or, à présent, qui que vous soyez, vous tous, qui voudriez qu'on diminuât l'autorité royale ! si, comme vous le dites, vos intentions sont pures, vous deman-derez sans doute que l'on arrête les inclinations san-guinaires de ce peuple, que l'on mette fin à son insu-bordination, que l'on réprime ses brigandages : vous demanderez sur-tout, que l'on étouffe avec soin les semences secrettes de division et de trouble que ré-pandront sans cesse les nombreux partisans de l'anar-chie. Quel conflict perpétuel d'intérêt, de regrets et d'espérances ! Quels combats vont livrer sans cesse tant de passions jusques-là déchaînées, comprimées tout-à-coup, et qu'enflammera encore le désir de s'échapper ? Et lorsque l'agitation de tant de corps étrangers peut gêner à chaque pas la marche de la machine politique, faut-il en multiplier encore les rouages ? Ne faut-il pas au contraire établir une forte roue, dont rien ne puisse arrêter le mouvement, parce qu'elle doit le donner à tout ce qui l'entoure ? L'auteur déjà cité du *Contrat social* a reconnu cette vérité : *Plus le peuple est nombreux, plus la force réprimante doit augmenter.* Qu'eût-il dit d'un peuple nombreux et révolté ? *Le gouvernement se relâche, à mesure que les magistrats se multiplient: Il se resserré quand il passe d'un grand nombre au petit : c'est là*

I 3

son inclinaison : s'il RÉTROGRADOIT *du petit nombre
au grand*, on pourroit dire qu'il se relâche ; mais ce
PROGRÈS EST IMPOSSIBLE. C'est ce qui assure l'impossibilité de tout changement qui altéreroit l'autorité
royale.

En effet, *jamais le gouvernement ne change de
forme, que quand son ressort usé le laisse trop affoibli pour pouvoir conserver la sienne : or, s'il se relâchoit encore en s'étendant, sa force deviendroit tout-
à-fait nulle, et il subsisteroit encore moins : il faut donc
remonter et serrer le ressort à mesure qu'il cede, autrement l'Etat qu'il soutient tomberoit en ruine.*

Si jamais il fut nécessaire que ce ressort eût une
action forte et non interrompue, c'est à la fin d'une
grande révolution. Diriger, inspecter, contenir et
protéger, voilà ce que l'autorité doit faire sans cesse,
voilà ce qu'elle doit faire sans embarras, sans retard,
et par conséquent sans obstacles : pour les écarter,
il faut qu'elle ait tout pouvoir, et pour cela, il faut
qu'elle soit seule.

Ce que la raison enseigne, ce que l'expérience démontre, ce que la nature humaine exige, ce que
Jean-Jacques demande, a été plusieurs fois pratiqué,
et pratiqué avec succès chez les Romains... A ce
nom, une longue admiration inspire une grande confiance ; et on peut, en fait de liberté, s'en rapporter au
peuple roi, qui ne perdit la sienne que parce qu'il
asservit toute la terre. La division des pouvoirs étoit
un des points les plus essentiels de la Constitution de
Rome ; elle avoit été scrupuleusement établie ; elle
étoit rigoureusement observée : mais dans les grandes
calamités de l'Etat, dans les troubles d'une licence
extrême, tous les pouvoirs étoient suspendus : je me
trompe ; tous les pouvoirs étoient confondus en un
seul : on voiloit la statue de la liberté, comme si elle
eût été défigurée par une maladie passagere : la nécessité devenoit la loi : la loi se condamnoit au silence :
on nommoit un dictateur ; et un citoyen se trouvoit
le roi d'une république.

A la vérité, le terme de la dictature étoit fixé, et

ce terme étoit court : mais un peuple accoutumé à la sévérité de la discipline militaire, scrupuleux observateur de la religion du serment, dont les discussions ne provenoient presque jamais que de sa fierté, qui elle-même étoit tout-à-la-fois la cause et l'effet de sa supériorité sur les autres nations, ne pouvoit rester long-temps dans un état qui arrêtoit son activité, et paralysoit tous ses moyens; il rentroit dans l'ordre avant même la fin du terme que la loi avoit jugé nécessaire pour l'y contraindre : et c'est une observation bien remarquable, que jusques aux guerres de Marius et de Sylla, aucun dictateur n'attendit pour abdiquer le moment fixé pour son abdication.

Le pouvoir absolu du dictateur avoit cependant un inconvénient, mais auquel la loi n'avoit pas craint de s'exposer, pour s'assurer l'avantage d'une force unique et réprimante. Le dictateur renfermoit en lui deux personnes très-distinctes : il devoit donc avoir deux intérêts, et par conséquent, pouvoit avoir deux volontés très-opposées. Dictateur pour un temps, et citoyen pour toujours, il pouvoit songer comme *souverain*, à son utilité comme *sujet*, et sacrifier l'avantage général, qui à son égard n'étoit que momentané, à son avantage particulier, qui devoit être permanent.

Cet inconvénient n'est point à craindre dans une monarchie, où le pouvoir absolu réside pour toujours sur une seule tête. Le monarque n'a pas en lui deux qualités, il n'en a qu'une, celle de chef de l'empire. Or, comme l'empire est formé par la réunion de tous les intérêts qui produit l'intérêt général, il s'ensuit que l'intérêt général est le seul intérêt du souverain : pour qu'il soit heureux, il faut que son royaume soit tranquille : pour que le royaume soit tranquille, il faut que le Roi soit obéi : l'intérêt des deux est donc évidemment le même.

Au contraire, ne donnez au souverain qu'une autorité moyenne et vacillante, et vous lui donnerez un intérêt particulier; car, rencontrant toujours des obstacles, il cherchera à augmenter son pouvoir, à

I 4

mesure que le pouvoir rival cherchera à le diminuer. Il pourra donc entrevoir des occasions où son avantage ne sera pas l'avantage général ; et dès-lors il pourra devenir injuste, parce qu'il aura intérêt à l'être : il sera obligé de se confier à des agens : du moment qu'ils serviront ses injustices, il faudra qu'il protege les leurs ; l'ordre public sera troublé.

Si toute l'autorité eût résidé sur lui seul, s'il eût été le seul dispensateur de la force publique, il n'eût pas eu d'intérêt à ménager ceux qui ne respectoient pas les lois ; bien plus, son intérêt eût été de les punir ; car sa puissance étant établie sur la loi, enfreindre l'une, c'est affoiblir l'autre.

La mesure de la force du souverain sera donc celle de l'observation des lois, et par cela même, celle de la liberté et de la tranquillité des sujets.

En un mot, l'intérêt du souverain est de maintenir tout dans l'ordre. Donc, plus il aura de force légale, plus l'ordre sera maintenu. La souveraine justice de Dieu tient à la souveraine puissance.

Je me hâte d'expliquer ce mot ; il est devenu *gaulois* depuis la révolution, et on le traduiroit par *despotisme.*

J'entens par *despotisme* une autorité violente, qui ne marche point, mais qui se précipite ; qui écrase tout ; qui, n'étant pas fondée sur les lois, s'occupe peu de les faire observer ; qui n'a que le caprice pour regle, et que l'intérêt personnel pour principe et pour fin. Cette autorité est une tyrannie ; et la tyrannie est la mort des monarchies.

J'entens par *souveraine puissance* une autorité toujours égale et uniforme, à laquelle tous ses agens obéissent ponctuellement, comme mon bras obéit à ma pensée ; qui exécute tout ce qu'elle veut ; mais qui ne veut que ce qu'elle peut, d'après des lois stables, sur lesquelles elle repose, et que par conséquent elle a intérêt à conserver.

C'est cette puissance, seule soutien d'un grand empire, que j'appelle aujourd'hui sur la France ; c'est elle que veulent éviter tous les partis qui ont été ou qui sont encore factieux, parce que c'est elle, seule qui peut les réduire tous.

L'autorité royale, une, entiere, et sans partage, voilà ce que nous devrions tous désirer, quand même elle se trouveroit en opposition avec les maximes de notre ancien gouvernement; à plus forte raison, lorsque tel a toujours été le gouvernement de la France depuis qu'elle existe, et lorsqu'il y auroit autant de danger que d'injustice à le changer.

Ce superbe empire a eu, comme tous les corps civils, de grandes maladies politiques : plusieurs fois il s'est vu au moment de périr, parce que l'autorité royale avoit perdu sa force; plusieurs fois il a échappé à sa perte, parce que cette autorité a repris tout son ascendant.

Y eut il jamais un monarque plus puissant que *Charlemagne*? Vit on jamais, dans un empire aussi immense un souverain plus obéi? Lisez ses Capitulaires, qui sont devenus les bases de toutes les législations ; il n'y est occupé que du bonheur de ses peuples : plus sa domination étoit étendue, plus il avoit d'intérêt à maintenir l'ordre et la tranquillité.

La foiblesse de son fils laisse entamer son autorité; les troubles commencent, et les peuples souffrent.

Sous *Charles le Chauve*, l'hérédité des bénéfices éleve entre le monarque et son peuple le mur féodal; et alors le bonheur du peuple diminue avec l'autorité du souverain. Il ne peut plus veiller sur tous, parce qu'il n'a plus cette inspection entiere et uniforme que *Charlemagne* exerçoit avec une activité si étonnante sur toutes les parties de son vaste empire. Il n'a plus qu'une vaine suzeraineté que ses successeurs auront même peine à exercer sur les grands vassaux : il leur faudra des armées pour faire ce qu'on faisoit avec les *missi Dominici*.

Les Rois de la troisieme race travaillent sans cesse à abaisser ce mur de séparation; et plus ils recouvrent d'autorité, plus leurs sujets sont heureux.

Dès que cette autorité reçoit des atteintes, dès que nos Rois ne peuvent plus faire agir directement leur pouvoir , la tranquillité publique est troublée , les séditieux trompent et entraînent le peuple ; et la France est en proie à toutes les horreurs des discordes et des guerres intestines. C'est ce que produit la captivité du Roi *Jean*, la démence de *Charles VI*, et la ligue d'*Henri III*.

Au milieu de ces désastres, que l'on avoit cités jusqu'à présent comme les plus malheureux de la monarchie Française, la sagesse de *Charles V*, les victoires de *Charles VII*, le génie du grand *Henri* rendent à la couronne son éclat et sa puissance ; des Etats-Généraux factieux sont dissous et punis ; un usurpateur étranger cede une conquête qu'il avoit crue assurée ; et la ligue est dissipée par le Monarque triomphant, qui conquiert son royaume en héros, et le gouverne en pere.

Qui oseroit comparer l'état dans lequel la France fut réduite par la cruelle popularité de *Charles le Mauvais*, le *Philippe* d'alors ; par les crimes de *Marcel*, le *Péthion* de son siecle, par l'anarchie de la ligue, qui cependant avoit aussi ses gardes bourgeoises et nationales ? qui oseroit, dis-je, le comparer avec celui dont elle jouit sous le regne de *Charles le Sage*, sous le regne de *Charles le Victorieux*, sous le tien, grand et bon *Henri!* toi, à la gloire duquel il ne manque plus rien ; car ils ont calomnié ta mémoire, et profané tes statues.

Enfin cette autorité royale, ce *palladium* des Français, reçoit encore des atteintes sous la minorité de *Louis XIV* ; à l'instant le repos public est menacé ; les désordres renaissent, mais le sceptre se raffermit dans la main du Roi majeur ; et alors commence cette époque de gloire et de prospérité, ce regne à jamais mémorable , qui avoit tellement assuré la grandeur de la France, que, depuis, elle a toujours vu augmenter sa population, son numéraire et son commerce.

Si l'expérience est le guide le plus sûr de la foiblesse humaine, où peut-on en trouver une plus heureuse, plus suivie, plus répétée? Le gouvernement

sous lequel nous vivions , doit-il donc être pour nous
l'objet perpétuel d'une inquiète spéculation , lorsqu'il
a été pour nos ancêtres un paisible objet de jouissance ? Est-ce donc sur une matière aussi importante
que chacun peut avoir le droit de divaguer perpétuellement au gré de son caprice ou de son imagination ? Ecoutons le philosophe *Montagne*, » ces des-
» criptions de police, feintes par art, se trouvent
» ridicules à mettre en pratique. Les grandes et
» longues disputes sur les meilleures formes de so-
» ciété, sont altercations propres seulement à l'exer-
» cice de l'esprit. Tel ouvrage seroit de mise au
» nouveau monde, et non dans un déjà fait, et formé
» à certaines coutumes ; car pour redresser un monde
» ancien, nous ne pouvons guere le tordre de son pli
» accoutumé, que nous ne rompions tout. En vérité
» l'excellente et meilleure police à chaque nation,
» est celle sous laquelle elle s'est maintenue longue-
» ment.... Aller désirant dans la monarchie un autre
» gouvernement ; c'est vice ou folie. Quand quelques
» pieces se dérangent, il faut les étayer, et s'opposer
» à ce que l'altération et corruption naturelles à
» toutes choses ne nous éloignent trop de nos com-
» mencemens : mais d'entreprendre à refondre une
» si grande masse, et à changer les fondemens d'un
» si grand bâtiment, c'est faire à ceux qui, pour dé-
» crasser, effacent, qui veulent émonder les défauts
» particuliers par une destruction universelle, et
» guérir les maladies par la mort. »
Voilà la véritable philosophie, celle qui ne met pas
l'esprit à la place de la raison, la théorie à la place de
la pratique.

L'intérêt du peuple Français autant que son devoir, l'espoir de son salut autant que le souvenir de
ses fautes, tout doit donc le rallier autour de la
couronne, à laquelle il faut rendre tout son éclat.
Ce à quoi il ne pensoit pas il y a dix ans ; ce qu'il
ne pouvoit, ce qu'il ne devoit, ce qu'il ne vouloit
pas, pourquoi lui donneroit-on aujourd'hui le funeste
droit de le demander ? Parce qu'il a accumulé **tous**

les forfaits de la révolte et de la barbarie, au-lieu de
faire sur lui-même un retour total, au-lieu de s'abandonner à son remords, il faudra qu'il en calcule les
démarches ! parce qu'il n'a connu aucune mesure
dans le crime, il faudra qu'il en ait dans le repentir !
comme s'il pouvoit en faire trop pour couvrir l'inef-
façable infamie qui souille l'antique loyauté Française ; pour alléger le poids écrasant de honte et
d'horreur qui pese sur la tête de chaque Français ;
pour venger l'auguste et sainte mémoire de ce Roi,
qui, depuis le mois de juillet 1789 jusqu'au 21 JANVIER
1793, n'a pas eu un jour qui ne fut une éternité de
douleurs ; parce que depuis qu'il étoit sur le trône, il
n'avoit pas eu une pensée qui ne fût pour le bonheur
de ses sujets !

Ah ! malheur à ceux qui nourriroient encore la rebelle indocilité de ce peuple, qu'ils ont voulu rendre
philosophe et *raisonneur* : malheur à ceux qui, non
contens de lui cacher l'évidence de son devoir et de
son intérêt, voudroient encore qu'il fermât son cœur
à la voix du sentiment et au cri du repentir. L'infa-
tigable obstination avec laquelle ils travaillent à changer la Constitution de leur patrie, prouve encore
plus la nécessité de la consolider.

Songeons à ce qu'étoit la France avant les Etats-
Généraux, à ce qu'elle est devenue depuis leur convocation ; rappellons-nous les principes immuables
de toutes les sociétés, et nous conclurons que cette
riche et vaste partie de l'Europe, peuplée de vingt-
six millions d'hommes, et connue depuis treize siecles
sous le nom de royaume de France, ne sera plus
rien, si elle n'est pas ce qu'elle a toujours été ; qu'elle
ne peut, qu'elle ne doit ni rester en république, ni
redevenir *constitutionnelle*, ni souffrir dans son gouvernement aucune altération ; et que sous la paternelle inspection de l'unique autorité royale, elle par-
viendra, comme elle y a été invitée par la voix d'un
Prince dont elle réconnoîtra les expressions, *au rétablissement de la monarchie sur les bases inaltérables
de sa Constitution ; à la réformation des abus intro-*

duits dans le régime de l'administration publique ; au
rétablissement de la Religion de nos pères dans la pureté de son culte et de la discipline catholique ; à la
réintégration de la magistrature pour le maintien de
l'ordre public , et la bonne dispensation de la justice ; à
la réintégration des Français de tous les ordres dans
l'exercice de leurs droits légitimes , et dans la jouissance de leurs propriétés envahies et usurpées ; à la
sévère et exemplaire punition des crimes ; enfin , au
rétablissement de l'autorité, des lois et de la paix (1).

---

(1) Déclaration du Régent de France ; 28 janvier 1793.

F I N.

TABLE DES MATIERES.

SECONDE PARTIE.

TROISIEME PARTIE.

FIN DE LA TABLE.

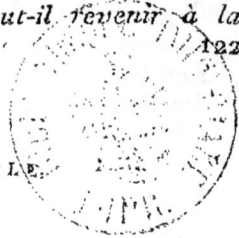